묵주기도로 **맛** 들이는 영성생활

— **엔테오스**

박비오 지음

'엔테오스' ἔνθεος는

그리스어로
'하느님 안에'_in God이며,
영어로는
'열정'_enthusiasm을
의미합니다.

추천글

    옛날 교리문답의 첫 질문과 대답이 이러합니다. "사람이 무엇을 위하여 세상에 태어났느뇨?" "사람은 천주를 알아 공경하고 자기 영혼을 구하기 위하여 세상에 태어났느니라." 어릴 때 1년에 두 번 판공성사 때가 다가오면, 어머니께서 부엌에서 밥을 지으면서도 이런 문답들을 외우시던 모습이 눈에 선합니다.

    시골 공소 회장이셨던 아버님을 따라 매일 온 식구가 안방에 모여 조과(아침기도)와 만과(저녁기도)를 함께 바치고, 주일이 되면 공소에 모여 묵주기도와 공소예절을 바치면서 나의 신앙은 몸에 스며들었다고 할 수 있습니다. 그런데 요즘, 나의 신앙은 내 삶에 어떤 열정을 불러일으켰는지 새삼 생각해 보게 됩니다.

박비오 신부님이 묵주기도 지향에 관한 책을 냈습니다. 제목이 「엔테오스」입니다. '엔테오스'ἔνθεος란 말은 그리스어로 '하느님 안에' in God라는 뜻이며 '열정' enthusiasm이란 영어 단어의 어근이 된다고 합니다. 박비오 신부님이 이 책의 제목을 왜 **"엔테오스"**라고 했는지 궁금하지 않을 수 없습니다.

나는 주로 걸으면서 묵주기도를 바치는데, 박비오 신부님은 달리면서 묵주기도를 바칩니다. 좀 더 정확하게 표현하자면, 박 신부님은 달리면서 묵주기도를 바치는 것이 아니라, 묵주기도를 바치면서 달린다고 해야 하지 않을까 싶습니다. 하여튼 달리면서, 그것도 마라톤을 하면서 묵주기도를 바치고 각 신비를 묵상하면서 나온 결과물이 이 「엔테오스」입니다. 그것은 '열정'이 없으면 불가능한 일일 것입니다. 아니, 그렇게 묵주기도를 바치며 달리면서도 묵상에 젖어 들게 되니까 '열정'이 솟아나는 것이 아닌가 생각됩니다. 그것은 하느님을 특별히 가깝게 느끼고 사는 사람으로서 가질 수 있는 '열정'인 것입니다.

묵주기도는 가톨릭 신자들이 가장 즐겨 바치는 기도입니다. 성모송을 여러 번 바치는 기도이지만 사실은 예수님의 일생을, 우리를 위한 하느님의 결정적인 구원의 역사를 묵상하는 기도입니다. 우리가 그 기도를 잘 바칠 수 있도록 박비오 신부님이 이 책을 통해 우리를 안내하고 있습니다. 이 책을 통해 우리도 묵주기도를 더욱 의미 있고 기쁘게 바치고, 나아가 성모님처럼 하느님을 품고 하느님 안에서 "열정을 가지고" 신앙생활을 할 수 있기를 바랍니다.

2022. 3
천주교 대구대교구장 조환길 타대오
✝ 조환길 타대오

차례

추천글 / 3

들어가며 / 11

제1장 기도 지향에 대한 개괄적인 안내 / 15

제2장 구체적인 기도 지향 / 23

  1. 환희의 신비 / 25
    하느님과 관계 맺는 사람이 키워야 할 자질

    1단 _ 겸손의 덕 / 26
    2단 _ 애주애인의 덕 / 27
    3단 _ 청빈의 덕 / 29
    4단 _ 하느님의 뜻을 이루는 일꾼으로 봉헌함 / 29
    5단 _ 잃어버린 예수님을 찾아 얻음 / 30

2. 빛의 신비 / 32

잃어버린 예수님을 찾아 얻기 위한 지침

1단 _ 세례성사 때 맺은 서약에 충실함 / 33

2단 _ 평범함 속에 숨겨진 하느님의 선물을
      발견하고 기뻐함 / 34

3단 _ 하느님 나라의 확장에 기여함 / 35

4단 _ 예수님의 천주성을 믿음과 거룩함에
      초대받은 자신의 가치를 깨달음 / 36

5단 _ 살아있는 또 하나의 맛있는 빵이 됨 / 37

3. 고통의 신비 / 40

살아있는 맛있는 빵이 되기 위한 길

1단 _ 순명의 덕 / 41

2단 _ 인내의 덕 / 42

3단 _ 경멸받음을 좋아하는 덕 / 44

4단 _ 용기의 덕 / 45

5단 _ 죽는 순간까지 하느님의 사랑을 증언함 / 46

4. 영광의 신비 / 49

**지금-여기에서부터 영원한 생명을 누리는 사람이
청하는 것**

1단 _ 굳센 믿음 / 50

2단 _ 굳센 희망 / 52

3단 _ 몰아적인 사랑과 공동선을 위한 분별력,
그리스도의 평화와 용서 / 54

4단 _ 성모 공경과 성모의 덕을 본받음 / 58

5단 _ 선에 항구함 / 61

제3장 기도 지향들의 역동성 / 65

  1. 신비마다 연결되는 기도 지향들 / 67

  2. 각 신비의 핵심 지향 / 70
- 기쁨 / 70
- 예수님의 천주성을 믿음 / 71
- 고통과 죽음에 의미 부여 / 72
- 하느님의 영광 / 72

  3. 단 하나의 지향 / 74

나가며 / 79

묵주기도와 기도 지향 / 81

기도 지향과 관련된 묵상 자료 및 미주 / 89

참고문헌 / 149

"은총이 가득한 이여,
기뻐하여라."
(루카 1,28)

Rosarium - enthusiasm

들어가며

　결함 많던 내가 신학교에 입학했을 때 사제품을 받을 수 있을지 큰 의문이었다. 나는 '주님께서 나 대신 살아 달라'(갈라 2,20 참조)고 청하며 신학교 생활에 적응해 나갔다. 그러던 어느 날, 묵주기도 하시던 부모님의 모습이 떠올랐다. 가족들과 함께 묵주기도를 바칠 때 아버지께서 각 단마다 기도 지향을 넣으셨는데, 그 기도 지향들이 궁금해졌다. 그래서 아버지께 그 기도 지향들이 무엇인지 알려 달라고 편지를 썼다.

아버지의 편지 속 지향은 「묵주기도로 드리는 9일 기도」에 소개된 내용과 비슷했다. 신앙 선조로부터 전달받은 내용이 책으로 출판된 느낌이었다. 편지에 적힌 기도 지향대로 몇 년간 꾸준히 묵주기도를 했는데, 이상하게도 내 안에는 성모 신심이 생기지 않았다. 비록 동기 신학생들 사이에서 '신심 깊은 아이'로 통했지만, 밖으로 보이는 모습과 내면의 깊이는 달랐다. 방학을 맞아 두 번의 성모 신심 세미나를 마치고서야 비로소 성모님이 살갑게 느껴졌다.

묵주기도가 사제생활에 큰 비중을 차지한 것은 달리기에 맛들이고 난 이후부터다. 그것도 L.A. 성聖 정하상 바오로 한인성당에서 사목할 때부터! 여유로운 환경에서 달리기로 신심을 단련할 때 묵주기도는 하느님께서 내게 주신 큰 선물로 다가왔다. 묵주기도를 바치며 달리다 보면 시간의 흐름을 잊을 수 있었고, 쉽사리 예수님의 가르침에 빠져들곤 했다. 그때 나를 흥겹게 했던 생각들을 정리한 것이 이 책의 내용이다.

너무 기뻐서 달리기를 멈추고 그 자리에서 떠올랐던 생각을 정리해야 할 때도 있었는데, 그 시간은 성령께서 나를 위해 마련해 주신 선물이었다. 그 선물들이 쌓였을 때 어느덧 내 안에 **"엔테오스"** ἔνθεος[1]에 대한 신념이 형성되었다. **엔테오스**는 그리스어로 '하느님 안에' in God라는 뜻이고, '열정' enthusiasm이란 영어 단어의 어근이다. 내가 하느님 안에 머무름을 선택할 수 있을 때, 나는 어떤 처지에 있든 상관없이 내 삶에 의미를 부여할 수도 있었고 힘을 낼 수도 있었다.

처음 이런 현상을 발견[2]했을 때, 나는 광야에서 오아시스를 발견한 것처럼 기뻤다. 이것은 이천 년 전에 천사가 마리아에게 알려준 진실이었고, 나보다 앞서 이천 년 전에 동정녀 마리아가 파악한 진실이었기 때문이다. 나는 사랑하는 지인들과 팬데믹으로 고통받고 있는 교우들에게 이 진실을 나누고 싶어 이 책을 쓰게 되었다.

이 책은 모두 3장으로 구성되어 있다.

제1장 _ 묵주기도에 담을 수 있는 기도 지향에 대한 개괄적인 안내이다.
제2장 _ 그 기도 지향들에 대한 구체적인 설명이다.
제3장 _ 그 기도 지향들 사이에 형성된 역동성에 대한 해설이다.

제3장 뒤에 묵주기도를 묵상하는 데 도움이 될 기도 지향을 달고, 기도 지향과 관련된 묵상 자료를 첨부하였다.

부디, 이 책을 통해 교회가 오래전부터 보존해 온 가르침을, 곧 "마리아를 통하여 예수께" 나아가라는 가르침을 깨달을 수 있기를. 무엇보다도, "은총이 가득한 이여, 기뻐하여라. 주님께서 너와 함께 계시다."(루카 1,28)는 천사의 권고를 체득하여 기쁘게 살아갈 수 있기를 바란다.

박비오 神父

ROSARIUM | IN GOD | ENTHUSIASM

1

기도 지향에 대한 개괄적인 안내

'묵주기도로 맛 들이는 영성생활' | 엔테오스

'묵주기도는
단순하면서도 매우 힘 있는 기도이다.
중요한 것은 각 단마다 담고 있는
'기도 지향'이다.'

엔테오스 | 하느님 안에서 · 열정

제1장
기도 지향에 대한 개괄적인 안내

기도 지향에 대한 개괄적인 안내

묵주기도는 단순하면서도 매우 힘 있는 기도이다. 집중해서 기도하다 보면 시간의 흐름을 잊어버리곤 한다. 중요한 것은 각 단마다 담고 있는 '기도 지향'이다. 그 지향들을 따라가면 자신도 모르는 사이에 예수님의 가르침에 빠져들게 될 것이다. 물론, 별다른 생각 없이 입술로 기도해도 기도가 된다. 하지만 그런 식의 기도로는 기도의 참맛을 느끼기가 쉽지 않다. 반면 각 단의 기도 지향을 따라가면 묵주기도가 매우 즐겁게 다가올 것이다. 무한히 반복되면서 쉼 없이 새로운 내용을 묵상할 수 있으니까 말이다.

우선 각 신비에 담을 기도 지향들을 개괄적으로 살펴보자.

환희의 신비

1단 _ 마리아께서 예수님을 잉태하심에서 우리는 '겸손의 덕'을 청할 수 있다.

2단 _ 마리아께서 엘리사벳을 찾아보심에서는 '애주애인愛主愛人의 덕'을,

3단 _ 마리아께서 예수님을 낳으심에서는 '청빈의 덕'을,

4단 _ 마리아께서 예수님을 성전에 바치심에서는 '우리도 예수님처럼 자신을 아빠Abba[3] 하느님께 드려 하느님의 뜻을 이루는 일꾼이 되게 해 달라'고 청할 수 있다.

5단 _ 마리아께서 잃으셨던 예수님을 성전에서 찾으심에서는 '우리도 잃어버린 예수님을 열심한 마음으로 다시 찾아 얻을 수 있기를' 청할 수 있다.

　이렇게 다섯 가지 지향들을 모아 보면 이 지향들은 하느님과 관계 맺는 사람이 키워야 할 자질과 관련된 것임을 알게 된다.

빛의 신비

1단 _ 예수님께서 세례받으심에서 우리는 '세례성사로 하느님의 자녀가 된 우리가 세례 때 맺은 서약에 충실할 것'을 청할 수 있다.

2단 _ 예수님께서 카나에서 첫 기적을 행하심에서는 '우리가 평범한 일상생활 속에 숨겨진 하느님의 선물을 발견하고 기뻐할 것'을,

3단 _ 예수님께서 하느님 나라를 선포하심에서는 '우리가 이미 시작된 하느님 나라에 살고, 아직 완성되지 않은 하느님 나라의 확장에 기여하게 해 줄 것'을,

4단 _ 예수님께서 거룩하게 변모하심에서는 '우리가 예수님의 천주성을 믿고 거룩함에 초대받은 우리 자신의 가치를 깨닫게 해 줄 것'을 청할 수 있다.

5단 _ 예수님께서 성체성사를 세우심에서는 '우리가 성체를 더욱 경건한 마음으로 영하고, 하느님의 사랑 안에서 살아 있는 또 하나의 맛있는 빵이 될 것'을 청할 수 있다.

이런 기도 지향들을 모아 보면, 이것은 잃어버린 예수님을 찾아 얻기 위한 지침임을 알 수 있다.

고통의 신비

1단 _ 예수님께서 우리를 위하여 피땀 흘리심에서 우리는 '아버지의 뜻대로 사는 순명의 덕'을 청할 수 있다.

2단 _ 예수님께서 우리를 위하여 매 맞으심에서는 '인내의 덕'을,

3단 _ 예수님께서 우리를 위하여 가시관 쓰심에서는 '경멸받음을 좋아하는 덕'을,

4단 _ 예수님께서 우리를 위하여 십자가 지심에서는 '용기의 덕'을 청할 수 있다.

5단 _ 예수님께서 우리를 위하여 십자가에 못 박혀 돌아가심에서는 '우리가 죄의 억압과 죽음의 공포에서 해방되어 지금-여기에서부터 영원한 생명을 누리고, 미움과 상처에서 자유로워져 원수를 사랑하며, 죽는 순간까지 하느님의 사랑을 증언하게 해 달라'고 청할 수 있다.

이런 기도 지향들을 모아 보면, 이것은 우리가 살아 있는 맛있는 빵이 되기 위한 길임을 알 수 있다.

영광의 신비

1단 _ 예수님께서 부활하심에서 우리는 '굳센 믿음의 덕'을 청할 수 있다.
2단 _ 예수님께서 승천하심에서는 '굳센 희망의 덕'을,
3단 _ 예수님께서 성령을 보내심에서는 '우리의 용서가 몰아적인 사랑과 공동선을 위한 분별력으로 드러나 그리스도의 평화가 확산될 것'을,
4단 _ 예수님께서 마리아를 하늘에 불러올리심에서는 '우리가 성모님을 더욱 공경하고, 성모님의 덕을 본받을 것'을 청할 수 있다.
4단 _ 예수님께서 마리아에게 천상 모후의 관을 씌우심에서는 '선善에 항구할 것'을 청할 수 있다.

이런 기도 지향들을 모아 보면, 이것은 지금-여기에서부터 영원한 생명을 누리는 사람이 청하는 것임을 알 수 있다.

"나는 하늘에서 내려온
살아 있는 빵이다."
(요한 6,51)

Rosarium - enthusiasm

ROSARIUM | IN GOD | ENTHUSIASM

2
구체적인
기도 지향

'묵주기도로 맛 들이는 영성생활' | 엔테오스

"내일을 걱정하느라
오늘을 망치지 않겠다."
는 태도로!

엔테오스 | 하느님 안에서 · 열정

제2장
구체적인 기도 지향

1
환희의 신비
'하느님과 관계 맺는 사람이 키워야 할 자질'

· 마리아께서 예수님을 잉태하심을 묵상합시다.
· 마리아께서 엘리사벳을 찾아보심을 묵상합시다.
· 마리아께서 예수님을 낳으심을 묵상합시다.
· 마리아께서 예수님을 성전에 바치심을 묵상합시다.
· 마리아께서 잃으셨던 예수님을 성전에서 찾으심을 묵상합시다.

묵주기도에 담을 기도 지향들을 개괄적으로 살펴봤는데, 지금부터 그 지향들을 구체적으로 하나씩 살펴보자.

환희의 신비에 담긴 기도 지향들은 '하느님과 관계 맺는 사람이 키워야 할 자질'인데, 하느님과 관계를 맺기 위해서는 우리가 우선 하느님이 어떤 분인지 알아야 한다. 다른 종교에는 없고 오직 그리스도교에만

있는 하느님의 모습이 있다. 곧 그리스도교 고유의 신관神觀이 있다. 그것은 "하느님께서 겸손하시다."는 관점이다. 세상 만물을 창조하신 하느님께서는 타락한 인간을 구원하시기 위하여 당신의 외아들을 인간이 되게 하셨을 뿐만 아니라, 외아들이 속죄 제물처럼 십자가 위에 매달리는 것까지 허락하셨다. 인간은 사람이 되신 하느님께서 십자가에 매달려 고통받고 처형당하는 것을 보고서야 깨달았다. 하느님께서 사랑 그 자체이시고, 사랑 때문에 기꺼이 낮은 자리로 내려온 겸손한 분이심을![4]

환희의 신비 1단 / '겸손의 덕'

· 마리아께서 예수님을 잉태하심을 묵상합시다.

마리아께서 예수님을 잉태하심에서 우리는 '겸손의 덕'을 청한다. 마리아는 하느님의 부르심을 받고, "보십시오. 저는 주님의 종입니다. 말씀하신 대로 저에게 이루어지기를 바랍니다."(루카 1,38)라고 응답했다. 이때 마리아가 고백한 '주님의 종'은 이스라엘의

'충실한 사람'[5]을 일컫는 말이었다. "겸손은 보다 큰 자가 보다 작은 자에게 머리 숙이는 것을 영광으로 아는 것이다."(로마노 과르디니) 보다 큰 자가 보다 작은 자를 돕는 것을 기쁨으로 여기는 것이 겸손이고, 하느님께서 겸손하시기에 우리가 하느님의 일을 하려면 가장 먼저 겸손의 덕을 닦아야 한다. 따라서 우리는 묵주기도를 바치면서 처음부터 '겸손의 덕'[6]을 청한다.

환희의 신비 2단 / '애주애인의 덕'

· 마리아께서 엘리사벳을 찾아보심을 묵상합시다.

마리아께서 엘리사벳을 찾아보심에서 우리는 '애주애인愛主愛人의 덕'을 청한다. 하느님 사랑과 이웃 사랑을 배제하고 하느님의 구원을 논할 수 없다. 하느님을 사랑한 마리아는 성령의 이끌림으로 엘리사벳을 찾아갔다. 이 만남을 통해 두 사람은 자신들 안에 일어나고 있는 하느님의 일을 확신할 수 있었다. 이분들처럼 그리스도인은 다른 사람 안에 숨겨져 있는 하느님의 선물을 발견하도록 서로 도와주는 사람이다. 다른 사람에게 있는 잘못을 지적하고 바로 잡아주려고 애쓰기에 앞서서![7]

다른 사람의 시선보다는 오히려 자신들을 향한 하느님의 뜻을 찾았던 마리아와 엘리사벳은 다른 사람의 평가로부터 자유로웠고, 그런 자유로움이 자신들 안에서 펼쳐지는 하느님의 이끄심에 집중하게 만들었다. 이렇게 자신의 내면에서 펼쳐지는 성령의 이끄심에 따를 수 있는 사람이 다른 사람 안에서 활동하시는 성령의 이끄심을 따를 수 있도록 도와줄 수 있다. 자기 안에서 성령과 함께 호흡하는 사람은 이미 평화롭고, 평화롭기에 세상의 기준이나 평가로부터 자유롭다. 바꿔 말해 우리는 자기 자신 안에서 평화를 발견할 줄 알아야 한다. 그래야 다른 사람을 제대로 도와줄 수 있다.[8]

환희의 신비 3단 / '청빈의 덕'

· 마리아께서 예수님을 낳으심을 묵상합시다.

마리아께서 예수님을 낳으심에서 우리는 '청빈의 덕'을 청한다. 청빈의 덕은 하느님의 돌보심에 의탁하겠다는 다짐이다. 사람을 살게 하는 것은 빵이 아니라, 우리를 향한 하느님의 사랑이다.(마태 4,4; 6,25-34 참조) 이 단순한 진리를 깨달으면, 그날 이후 인생은 하느님과 나누는 '까꿍 놀이'[9]가 될 것이다.

환희의 신비 4단 / '하느님의 뜻을 이루는 일꾼으로 봉헌함'

· 마리아께서 예수님을 성전에 바치심을 묵상합시다.

마리아께서 예수님을 성전에 봉헌하심에서 우리는 '예수님처럼 우리 자신을 **Abba 하느님**께 드려 하느님의 뜻을 이루는 일꾼이 되게 해 줄 것'을 청한다. 시메온 예언자가 아기 예수님을 들고 하느님께 찬미드린 장면을 떠올려 보라. 그것은 신약 성경에 등장한 '최초의 미사 봉헌'[10]이라고 할 수 있다.

Abba 하느님께서 우리를 위해 마련해 주신 약속을 믿고 미리 감사드리는 모습이 정말 감동스럽다. 과거를 되살리고 미래를 끌어당겨 지금-여기에서 맛보는 하늘나라의 잔치에 참여한 모습이지 않은가. 우리도 시메온처럼 그런 기쁨을 품고 살아갈 수 있다. 하느님의 약속이 앞당겨 실현될 수 있도록 우리 자신을 하느님께 봉헌하자.[11]

환희의 신비 5단 / '잃어버린 예수님을 찾아 얻음'

· **마리아께서 잃으셨던 예수님을 성전에서 찾으심을 묵상합시다.**

마리아께서 잃으셨던 예수님을 성전에서 찾으심에서 우리는 '잃어버린 예수님을 열심한 마음으로 다시 찾아 얻을 수 있기'를 청한다. 하느님께서 우리 곁에 계시지 않는다고 느끼는 것과 말씀이신 그리스도께서 침묵하는 것처럼 느끼는 것은, 하느님께서 우리와 '까꿍 놀이'[12]를 하시는 것이다. 우리가 예수님을 잃어버린 것은 우리 안의 예수님을 잃어버렸다고 인지하지도 못했을 뿐만 아니라 어떻게든 인지했다고 하더라도 예수님을 열심한 마음으로 다시 찾으려고 애쓰지 않기 때문이다. 마리아와 요셉도 예수님을 잃어버린 적이 있었다. 중요한 것은 예수님을 잃어버리지 않는 게 아니라 잃어버린 예수님을 찾아 나서는 마음이다.

성모님은 예수님을 잃어버려 허둥지둥 성전으로 되돌아갔던 사건도, 알아들을 수 없는 아들의 말을 새겨들었던 일도, 서른 즈음의 외아들을 품에서 떠나보냈던 일도 모두 기쁨으로 승화시켰다. 하느님을 품으면 상황이 어떻게 펼쳐지든 상관없이 모든 것을 기쁨으로 승화시킬 수 있다. 이런 것을 묵상하는 것이 '환희의 신비' 아닐까?

2
빛의 신비
'잃어버린 예수님을 찾아 얻기 위한 지침'

- 예수님께서 세례 받으심을 묵상합시다.
- 예수님께서 카나에서 첫 기적을 행하심을 묵상합시다.
- 예수님께서 하느님 나라를 선포하심을 묵상합시다.
- 예수님께서 거룩하게 변모하심을 묵상합시다.
- 예수님께서 성체성사를 세우심을 묵상합시다.

　빛의 신비에 담긴 기도 지향들은 '우리가 잃어버린 예수님을 찾아 얻기 위한 지침'이다. 예수님과 우리의 만남을 위해, 그분과 맺는 깊은 친교를 위해, 그분과 하나 되기 위해, 빛의 신비는 계속해서 우리에게 '예수님이 누구시고, 우리가 누구인지?'를 뒤돌아보게 한다. 그분과 갖는 만남이 잦아질수록 그분의 정체와 우리의 정체가 뚜렷해진다. 그리고 우리의 정체가 뚜렷해질수록 우리의 역할도 분명해질 것이다.

그것은 우리의 존재 방식이 우리의 행동 방식을 규정하기 때문이다.[13]

빛의 신비 1단 / '세례성사 때 맺은 서약에 충실함'
· 예수님께서 세례 받으심을 묵상합시다.

예수님께서 세례받으심에서 우리는 '세례성사로 하느님의 자녀가 된 우리가 세례 때 맺은 서약에 충실할 것'을 청한다. 예수님의 세례 장면에서 삼위일체이신 하느님의 모습이 드러났고, 예수님은 하느님의 사랑받는 아드님이심이 밝혀졌다. 하느님의 아드님께서 인류의 죄악을 씻고 인류를 **Abba 하느님**과 화해시키기 위해 세례를 받으셨다. 예수님의 세례로, 곧 그분의 죽음과 부활로 우리는 하느님의 자녀가 되었다.[14] 하느님의 자녀가 된 우리는 하느님의 자녀답게 '죄악'[15]을 끊어버릴 수 있어야 한다. 창조주 하느님이 "나의 **Abba**"이시고, 나는 "그분의 사랑스러운 자녀"라는 사실을 명심하자.(이사 43,1.4; 46,4 참조)

빛의 신비 2단 / '평범함 속에 숨겨진 하느님의 선물을 발견하고 기뻐함'

· 예수님께서 카나에서 첫 기적을 행하심을 묵상합시다.

예수님께서 카나에서 첫 기적을 행하심에서 우리는 '평범한 일상 속에, 보잘것없음 속에, 나약함 속에 숨겨진 하느님의 선물을 발견하고 기뻐할 것'을 청한다. 사막이 아름다운 이유는 오아시스 때문이다. 광야와 같은 이 세상살이가 아름다운 이유는 오아시스 같은 하느님께서 우리와 함께 계시기 때문이다. 평범한 일상 속에 숨겨진 하느님을 발견하면 세상이 다르게 보인다. '사람 서리에 계신 하느님'임마누엘. Immanuel이야말로 우리가 환난 속에서도 기뻐할 수 있는 기쁨의 원천이다. 카나의 혼인 잔치에서 물이 포도주로 바뀐 것은, 우리가 하느님 나라에서 변화되는 것에 대한 예표(豫表. 미리 보여준 표징)이고 하느님과 하나 된 것을 기뻐하는 표징이다.[16]

그날이 오면 평범한 일상에서 우리가 그분과 함께 했던 모든 몸짓들이 기쁨의 재료가 될 것이다.

서리 : (여럿) 사이

이렇게 평범한 일상 속에 숨겨진 **하느님의 선물을 발견하고 기뻐하는 것**이 그리스도인의 본질[17]이다.

빛의 신비 3단 / '하느님 나라의 확장에 기여함'
· 예수님께서 하느님 나라를 선포하심을 묵상합시다.

예수님께서 하느님 나라를 선포하심에서 우리는 '이미 시작된 하느님 나라에 살고, 아직 완성되지 않은 하느님 나라의 확산에 기여할 것'을 청한다. 우리는 '이미'와 '아직'의 팽팽한 긴장 속에서 살아간다. 하느님 나라는 사랑과 기쁨의 나라, 생명과 평화의 나라, 자유와 아름다움이 가득한 거룩한 나라이다. 이런 나라는 온 마음을 다해 하느님의 다스리심을 받아들일 때 실현된다.[18] 자기 자신과 소속된 공동체 그리고 사회 안에서 하느님의 다스리심이 어느 정도 받아들여지고 있는지 확인하고, 그분의 다스리심이 조금이라도 더 확산될 수 있도록 노력해야 할 것이다. 이 대목에서 우리는 자신의 성소聖召. vocation를 묵상해 볼 수 있다. 자신이 구체적으로 어떻게 하느님 나라에 기여할 수 있는지를!

빛의 신비 4단 / '예수님의 천주성을 믿음과 거룩함에 초대받은 자신의 가치를 깨달음'

· 예수님께서 거룩하게 변모하심을 묵상합시다.

예수님께서 거룩한 모습으로 변모하심에서 우리는 '우리가 예수님의 천주성을 믿고, 거룩함에 초대받은 우리의 가치도 깨달을 수 있기를' 청한다. 예수님은 우리에게 존경의 대상이 아니라 믿음의 대상이다. 우리는 사람들이 예수님을 존경하는 것을 반대해야 한다.[19] '존경'이 아니라 '흠숭'[20]하도록 이끌어야 한다. 하지만 이게 쉽지 않다. 우리의 의지대로 되는 게 아니기 때문에 간절히 청해야 한다. 사람들이 예수님의 천주성을 믿을 수 있도록![21]

우리는 예수님의 거룩한 변모를 통해 우리의 변모를 희망할 수 있다. '거룩하다'는 그리스어의 뜻은 '세상의 그 어떤 힘에도 영향을 받지 않고 세상으로부터 떨어져 있다'는 의미이다. 하느님께서 창조한 본래의 자기 모습을 발견하고 그 모습대로 살아가면, 그 사람은 세상의 잣대로부터 자유로워지고 매 순간 만족할 수 있다. 왜냐하면 자유와 평화는 근본적으로 하나이기 때문이다. 한 마디로 거룩함은 완벽함이 아닌 '온전함'이다. Holiness is Wholeness[22] 예수님은 '**Abba 하느님**께서 온전하신 것처럼 너희도 온전한 사람이 되어야 한다'(마태 5,48 참조)고 하셨다. 어쩌면 부르심과 응답의 여정에서 예수님의 천주성을 믿는 것과 거룩함에 초대받은 우리 자신의 가치를 깨닫는 것보다 더 큰 일은 없을 것이다.

빛의 신비 5단 / '살아있는 또 하나의 맛있는 빵이 됨'
· 예수님께서 성체성사를 세우심을 묵상합시다.

예수님께서 성체성사를 세우심에서 우리는 '우리가 더욱 경건한 마음으로 성체를 영하고, 하느님의 사랑 안에서 살아있는 또 하나의 맛있는 빵[23]이 될 것'을 청한다. 예언자 엘리야가 카르멜 산에서 바알 예언자 450명을 죽이고 이제벨 여왕에게 쫓길 때, 천사가 지쳐 쓰러져 잠든 엘리야를 깨워 두 번이나 음식을 먹게 했다. 그 힘으로 엘리야는 밤낮을 가리지 않고 40일을 걸어 호렙산에 도착했다. 그때 엘리야가 먹은 음식은 성체의 예표였다. 바꿔 말해, 성체는 하느님의 길을 걷기 위한, 하느님의 일을 하기 위한 양식이다.(1열왕 19,7-8 참조)[24]

예수님은 요한복음 6장에서 이렇게 말씀하셨다. "나에게 오는 사람은 결코 배고프지 않을 것이며, 나를 믿는 사람은 결코 목마르지 않을 것이다... 나는 하늘에서 내려온 살아 있는 빵이다. 이 빵을 먹는 사람은 영원히 살 것이다."(요한 6,35.51 편집) 그렇다. 우리는 "성체야말로 하늘로 가는 가장 빠르고 안전한 길"(교황 비오 10세 성인)임을 고백하며, '살아 있는 또 하나의 맛있는 빵'이 될 것을 다짐하자.

이렇듯 빛의 신비는 온통 예수님의 정체성과 우리의 역할로 가득 채워져 있다. 올바른 정체성에서 합당한 역할이 나오기에, 쉼 없이 예수님은 누구이고 우리는 누구인지를 묻는다. 이와 같은 정체성과 역할을 함축하면 그것이 바로 '우리의 성소聖召'가 아니겠는가. 곧 하느님의 부르심과 우리의 응답! 하느님의 부르심과 우리의 응답이라는 여정 속에서 항상 잃어버린 예수님을 찾아 나서야 한다. 잃어버린 예수님을 만나 친교를 나눈다면, 그때 우리는 자신의 정체도 온전히 알게 될 것이다.[25]

3
고통의 신비
'살아 있는 맛있는 빵이 되기 위한 길'

- 예수님께서 우리를 위하여 피땀 흘리심을 묵상합시다.
- 예수님께서 우리를 위하여 매 맞으심을 묵상합시다.
- 예수님께서 우리를 위하여 가시관 쓰심을 묵상합시다.
- 예수님께서 우리를 위하여 십자가 지심을 묵상합시다.
- 예수님께서 우리를 위하여 십자가에 못 박혀 돌아가심을 묵상합시다.

 고통의 신비에 담긴 기도 지향들은 우리가 '살아 있는 맛있는 빵이 되기 위한 길', 혹은 '살아 있는 맛있는 빵으로서 걸어야 할 길'이다. 살아 있는 맛있는 빵이 되기까지 우리는 참으로 길고 다양한 여정을 거친다. 그 여정에서 우리가 해야 할 가장 주요한 일은 지금 겪고 있는 고통과 앞으로 마주하게 될 죽음에 의미를 부여하는 일이라고 생각한다. 자신의 고통과 죽음에 의미를 부여할 수 있다면 우리는 견딜 수 있다. 그 여정이 아무리 고단하다고 하더라도 말이다.

고통의 신비 1단 / '순명의 덕'
· 예수님께서 우리를 위하여 피땀 흘리심을 묵상합시다.

예수님께서 우리를 위하여 피땀 흘리심에서 우리는 '아버지의 뜻대로 사는 순명의 덕'을 청한다. '순'順은 머리頭를 숙이고 물川의 흐름과 같은 자연의 이치를 따른다는 말이다. "저 사람, 참 순하다"라고 했을 때 어떤 이미지가 떠오르는가? 왠지 그 사람은 내 말을 잘 들어줄 것 같지 않은가. 순한 사람은 내 말을 잘 들어줄 뿐 아니라, 다른 사람들의 말도, 그리고 예상치 못한 사건들도 잘 받아들인다. 그는 받아들이다 받아들이다 자신도 모르는 사이에 마침내 '생명 자체'命를 받아들이는데, 그것이 '순명'順命이다. 순한 사람은 부드럽고, 따뜻하며, 뜨겁다. 그리고 순한 사람은 자신이 원하지 않는 장소도 방문하고, 원하지 않는 사건도 떠맡기에 용감하다. 그는 비록 자신이 원하지 않았던 일을 맡았을지라도 자신에게 주어진 일에 충실하고, 그 직무를 끝까지 완수해낸다. '생명 자체이신 분'과 함께 거니는 몸짓이 순명이기에 그렇다. 순한 사람은 순명으로 자신의 죽음도 꺾어버린다.[26] 이처럼 자신의 죽음을 꺾고 승리를 쟁취하게 하는 것이 순명이기에, 우리는 고통의 신비 1단에서 **Abba 하느님**의 뜻대로 사는 '순명의 덕'을 청한다.

고통의 신비 2단 / '인내의 덕'

· 예수님께서 우리를 위하여 매 맞으심을 묵상합시다.

예수님께서 우리를 위하여 매 맞으심에서 우리는 '인내의 덕'을 청한다. 제2차 세계대전 때, 독일 군인들은 강제수용소를 만들어 유다인들을 생체 실험을 했는가 하면, 가스실에 사람들을 몰아넣어 죽이곤 했다. 죽일 땐 병들고 약한 사람들부터 죽였는데, 병약한 어린이가 한 명 있었다. 그 아이의 어머니는 아이가 죽임을 당하지 않도록 건강하게 보이려 애썼지만, 결국 병약함이 드러나 가스실로 보내지게 되었다. 끌려가지 않으려고 울면서 발버둥 치는 아이의 손을 잡고 그 아이의 어머니가 말했다.

"얘야, 울지 마라. 엄마가 함께 갈게!" 그 어머니는 차마 아이를 혼자 가스실로 보낼 수 없었던 것이다. 친부모는 이렇듯 아무리 위험한 상황일지라도 아이의 손을 놓지 않는다.[27]

우리를 향한 하느님의 사랑이 그렇다. 하느님은 이사야 예언자를 통하여 이렇게 고백하셨다. "여인이 제 젖먹이를 잊을 수 있느냐? 설령 여인들은 잊는다 하더라도 나는 너를 잊지 않는다. 보라, 나는 너를 내 손바닥에 새겼다."(이사 49,15-16 편집) "산들이 밀려나고 언덕들이 흔들린다 하여도 나의 자애는 너에게서 밀려나지 않고 내 평화의 계약은 흔들리지 아니하리라."(이사 54,10) 매에는 장사 없다지만 지켜야 할 누군가가 있으면 견딘다. 죽음 직전까지 이르도록 수없이 많은 매를 맞으신 예수님을 묵상하며 우리는 고통의 신비 2단에서 '인내의 덕'을 청한다.

고통의 신비 3단 / '경멸받음을 좋아하는 덕'

· 예수님께서 우리를 위하여 가시관 쓰심을 묵상합시다.

예수님께서 우리를 위하여 가시관 쓰심에서 우리는 '경멸받음을 좋아하는 덕'을 청한다. "경멸받음이 영예처럼 되느냐? 잃는 것이 얻는 것처럼 되느냐? 낯선 사람이 부모(혹은 자녀)처럼 되느냐? 궁핍이 풍요처럼 되느냐?" 이 질문들은 모두 자아를 내려놓는 것과 연결되어 있다. 우리는 큰 고통을 당할 때, 혹은 큰 사랑을 실천할 때 자아를 내려놓는다. 본인이 예상한 대로 일이 진행되지 않기 때문에 그때까지 품고 있던 자신의 계획이나 자신의 특성을 내려놓게 되는 것이다. 그 내려놓음은 그 사람을 절망에 빠트리기도 하지만 다른 한편으로 그 사람을 지금-여기에 머무르게 한다. 곧 자아를 내려놓음은 지금-여기에 우리와 함께 계신 하느님께 다가서게 한다. 다가서서 임마누엘의 사랑을 배우도록, 그 사랑의 힘으로 살아갈 수 있도록 말이다.[28]

한편, 사랑 때문에 경멸받을 수 있음을 청하는 것

은 사랑 자체이신 **Abba 하느님**께만 의미 있는 이름이 되고자 하는 '정결의 덕'[29]을 청하는 것이다. 이렇게 우리는 고통의 신비 3단에서 '경멸받음을 좋아하는 덕'을 청함과 더불어 '온전히 임마누엘께 집중하고 있는지'를 살핀다.

고통의 신비 4단 / '용기의 덕'

· 예수님께서 우리를 위하여 십자가 지심을 묵상합시다.

예수님께서 우리를 위하여 십자가 지심에서 우리는 '용기의 덕'을 청한다. 우리는 대부분 고통을 싫어한다. 십자가라면 진절머리 친다. 작은 십자가라도 주어질 요량이면 도망갈 궁리부터 한다. 작은 십자가라 하더라도 그것을 받아들이기 위해서는 용기가 필요하다. 그런데 그 용기는 사랑과 연결되어 있다. 끝을 알 수 없는 깊은 바다에 시꺼멓게 보이는 그 사랑의 바다에 뛰어내릴 수 있는 용기! 그 사랑에 항복할 수 있는 용기![30] 마치, 바다로 뛰어든 소금인형처럼 그분의 품에서 흔적도 없이 녹아내릴 수 있는 용기! 하느님 나라의 확장을 위해서는 이런 용기가 필요하다. 그러므로 우리는 고통의 신비 4단에서 '용기의 덕'[31]을 청한다.

고통의 신비 5단 / '죽는 순간까지 하느님의 사랑을 증언함'

· 예수님께서 우리를 위하여 십자가에 못 박혀 돌아가심을 묵상합시다.

예수님께서 우리를 위하여 십자가에 못 박혀 돌아가심에서 우리는 '우리가 죄의 억압과 죽음의 공포에서 해방되어 지금–여기에서부터 영원한 생명을 누리고, 미움과 상처에서 자유로워져 원수를 사랑하며, 죽는 순간까지 하느님의 사랑을 증언할 수 있기를' 청한다. 예수님은 우리를 "이미" 죄의 억압과 죽음의 공포에서 해방시켜 주셨다.[32]

"원수를 사랑하라."는 예수님의 가르침은 어떤 측면에서는 무슨 일이 있더라도 "사람을 '그것'으로 대하지 말라."는 가르침이다. 대인관계는 '나와 너'의 관계에 머물러야지, '나와 그것'의 관계로 변질되어서는 안 된다. 다른 사람을 '원수'로 규정하면 그것은 그 사람을 '사물화'시킨 것이고, 그를 '사물화'시킨 사람은 그때부터 그에게 온갖 잔인한 행동을 저지를 수 있다.[33]

한편, 원수사랑은 미움과 상처에서 자유로워지고 싶은 청원이다. 예수님은 미움을 철저하게 파괴함으로써 자비를 베푸셨다. 우리는 예수님 안에서, 예수님을 통해 미움과 상처에서 자유로워질 수 있다.

"옷이 우리 몸을 감싸고, 피부가 우리 살을 감싸듯이, 우리의 몸과 영혼은 하느님의 자비에 감싸여 있다. 그것도 옷과 피부보다도 훨씬 더 포근하게!" (그레이스 워렉)[34] 우리는 이 진실을 죽는 순간까지 증언할 수 있어야 한다. 죽음은 공포와 회피의 대상이 아니라 성탄을 준비하는 대림절처럼 기쁘게 맞이해야 할 대상이다. 왜냐하면 죽음은 소멸의 시간이 아닌 완성의 시간이기 때문이다. 사실, 우리의 죽음은 다른 사람을 위한 '위대한 선물'이 될 수 있다.[35]

이런 청원들을 하나로 모으면 고통의 신비 5단의 기도 지향이 된다. "우리가 죄의 억압과 죽음의 공포에서 해방되어 지금-여기에서부터 영원한 생명을 누리게 하시고, 미움과 상처에서 자유로워져 원수를 사랑하게 하시며, 죽는 순간까지 하느님의 사랑을 증언하게 하소서."

4
영광의 신비
'지금-여기에서부터 영원한 생명을 누리는 사람이 청하는 것'

- 예수님께서 부활하심을 묵상합시다.
- 예수님께서 승천하심을 묵상합시다.
- 예수님께서 성령을 보내심을 묵상합시다.
- 예수님께서 마리아를 하늘에 불러올리심을 묵상합시다.
- 예수님께서 마리아께 천상 모후의 관을 씌우심을 묵상합시다.

영광의 신비에 담긴 기도 지향들은 '지금-여기에서부터 영원한 생명을 누리는 사람이 청하는 것', 혹은 '지금-여기에서부터 영원한 생명을 누리는 사람이 살아가는 삶의 모습'이다. 영원한 생명을 누리는 사람이 청하는 것은 '향주삼덕'向主三德과 '성모 공경'

그리고 '선에 항구함'이다.

영광의 신비 1단 / '굳센 믿음'
· 예수님께서 부활하심을 묵상합시다.

예수님께서 부활하심에서 우리는 '굳센 믿음의 덕'을 청한다. 믿음의 끝판왕은 부활 신앙이다. 죽음을 꺾고 부활하여 영원한 생명을 누릴 수 있다는 것을 믿는 것, 이것이 믿음의 본질[36]이다.(1코린 15,3-8.11) 그리고 영원한 생명은 죽음 이후에 맛볼 수 있는 게 아니라 지금-여기에서부터 누릴 수 있다. 만약 누군가가 영원한 생명은 죽음 이후에 누릴 수 있는 것으로 믿고 있다면, 그 사람은 확실하게 악마의 계략에 빠진 것이다.[37]

예수님께서 이 세상에 오신 후에 발생한 가장 큰 변화는 죽음에 대한 우리의 태도이다. 예수님의 부활 사건으로 말미암아 죽음은 더 이상 공포의 대상이 아니라 영원한 생명을 누리기 위해 통과해야 할 마지막

관문이 되었다. 따라서 인생의 가장 위대한 변화는 죽을 때가 아니라 하느님의 아드님께 자신의 생명을 봉헌할 때 발생한다. 자신의 생명을 그분께 맡김으로써 지금-여기에서 영원한 생명이 시작되기 때문이다. 예수님은 마르타에게 이렇게 말씀하셨다.

"나는 부활이요 생명이다. 나를 믿는 사람은 죽더라도 살고, 또 살아서 나를 믿는 모든 사람은 영원히 죽지 않을 것이다. 너는 이것을 믿느냐?"(요한 11,25-26) "나를 믿는 사람은 죽더라도 살고"라는 말은 종말에 발생될 '육체적 부활'을 의미하고, "살아서 나를 믿는 모든 사람은 영원히 죽지 않을 것이다."는 '지금-여기에서 시작된 영원한 생명'을 의미한다.

(요한 17,3 참조)[38]

만약 "그리스도께서 되살아나지 않으셨다면, 우리의 믿음은 덧없고 우리는 여전히 우리의 죄 안에 머물러 있을 것이다."(1코린 15,17 편집) 그리고 부활을 믿지 못하면서 신앙생활을 하고 있다면 그 사람은 이 세상의 그 누구보다도 가련한 사람이다. 그래서 우리는 영광의 신비 1단에서 '우리에게 굳센 믿음의 덕을 주실 것'을 청한다. 특별히 영광의 신비 1단에서 '계시하신 진리를 교회가 가르치는 대로 믿을 수 있도록' 신덕송을 암송해 보자.

영광의 신비 2단 / '굳센 희망'
· 예수님께서 승천하심을 묵상합시다.

예수님께서 승천하심에서 우리는 '굳센 희망의 덕'을 청한다. 희망이란 암담한 상황 속에서도 다가오는 내일을 두려워하지 않는 것이고, 절망 속에서도 사랑이 있음을 깨닫는 것이며, 바다의 폭풍우 속에서 육지를 발견하는 것이다. 이런 희망의 열매가 '기쁨'이다.[39] 일찍이 그리스도인들은 '선을 행하면서도 악을 행한 듯 벌을 받고, 벌을 받으면서도 상을 받은 듯 기뻐하는 사람들'이라고 불렸다.[40] 그리스도인들이 벌을 받으면서도 기뻐할 수 있었던 근거는 그들이 품고 있던 희망 때문이었다. "사실 우리는 희망으로 (이미) 구원을 받았다."(로마 8,24 편집)

이런 희망은 우리에게 '영혼의 닻'과 같아, 안전하고 견고하며 우리를 지성소의 휘장 안에까지 들어가게 해 준다.(히브 6,19 참조) 하느님은 성경을 통해 우리에게 "두려워하지 말라."고 천 번 이상 말씀하셨는데, 이런 두려움을 극복하게 해 주는 것이 '희망'이다. 우리는 '잡다한 소원들'과 '희망'을 구별할 줄 알아야 한다.[41]

예수님은 "진리가 너희를 자유롭게 하리라."(요한 8,32)고 하셨다. 이때 '진리'라고 번역된 히브리어 'emet'은 실은 '진실'이란 뜻이다. 진실, 곧 '하느님의 진실한 사랑이 우리를 자유롭게 한다'는 뜻이다. 요한복음 14장에서 "나는 길이요 진리요 생명이다. 나를 통하지 않고서는 아무도 아버지께 갈 수 없다."(요한 14,6)에서 사용된 '진리' 또한 '예수님 당신 자신'을 일컫는 말씀이었다. 결국 예수님 당신 자신이 우리를 자유롭게 한다는 뜻이다. 왜냐하면 예수님이 바로 '하느님의 진실된 사랑 그 자체'이시기 때문이다.[42]

우리는 예수님을 통해 드러난 하느님의 사랑을 좀

더 잘 알 필요가 있다. 로욜라의 성 이냐시오는 이런 앎을 '내적 인식'interior knowledge이라고 표현했는데, 내적 인식은 일반적인 지식과 달리 생각으로만 끝나지 않는다. 그것은 우리가 느낀 그대로 활동하게 하는 인식이다. 이 인식은 깊은 내면에 존재하는 우리의 열망을 깨워 예수님을 닮고 싶은 마음을 일으킨다. 예수님을 닮고 싶은 마음을 구하는 것, 그것이 곧 우리가 '간절한 마음으로' '항구하게' 청해야 할 것이다.[43]

영광의 신비 3단 / **'몰아적인 사랑과 공동선을 위한 분별력, 그리스도의 평화와 용서'**

· 예수님께서 성령을 보내심을 묵상합시다.

예수님께서 성령을 보내심에서 우리는 '우리의 용서가 몰아적인 사랑(성령의 열매)과 공동선을 위한 분별력(성령의 은사)으로 드러나 그리스도의 평화를 확산시킬 것'을 청한다. 오늘날은 성령의 시대이다. 예수님이 승천하신 후 성령께서 파견되실 때, 성령께서는 '불혀'의 모양으로 나타나셨다. (사도 2,3 참조)

'불'은 사랑 혹은 친교를 상징하고, '혀'는 깨달음 혹은 지혜를 상징한다. 이런 영과 함께 호흡할 때 우리 안에 '성령의 열매'가 맺어진다. 사랑 · 기쁨 · 평화, 인내 · 친절 · 선행, 진실 · 온유 · 절제 등.(갈라 5,22-23 참조)[44]

이 밖에도 성령께서는 공동체의 유익을 위해 성령의 은사를 엄청나게 베풀어 주신다. 기적을 일으키는 은사, 치유하는 은사, 지혜의 은사, 이상한 언어를 말하는 은사, 영을 식별하는 은사 등.(1코린 12,8-10 참조) 우리는 성령의 열매와 성령의 은사 중에서 본인에게 가장 필요한 것을 청할 수 있어야 한다.

부활하신 예수님께서 제자들에게 발현하셔서 성령을 주셨을 때의 상황에 주목해 보자. 예수님은 가장 먼저 제자들에게 '평화'를 기원하셨다. "평화가 너희와 함께!"(요한 20,19) 그때 예수님께서 주신 평화는 고통 없음의 평화가 아니라, 고통 중에서도 누리는 평화이다. 폭풍우 한가운데에서 뱃고물을 베개 삼아 주무셨던, 공생활 내내 당신께서 누리셨던 평화이다.(마태 8,24; 요한 14,27 참조) 그 평화는 죄와 죽음으로부터 해방된 자가, 미움과 상처에서 자유로운 자가 누리는 평화이다.[45] 예수님이 펼치셨던 복음운동은 그 평화를 선포하기 위함이었다. 미사 때 사제와 교우들 사이에 주고받는 '평화'도 마찬가지다. 어떤 측면으로는 "평화를 빕니다."라는 인사말에는 "나는 당신을 용서합니다."라는 뜻이 담겨 있다.[46]

일단, '성령과 함께 하면 어떻게 되는지?' 반대로 '성령과 상관없이 활동하면 어떻게 되는지?'를 살펴보자.

"**성령이 아니시면** 하느님은 너무나 멀리 계시고, 나자렛 예수는 과거의 한 인물일 뿐이며, 성경은 죽은 글자고, 교회는 수많은 기관 중 하나이다. 권위는 너무나 쉽게 지배로 바뀌고, 선교는 선전에 불과하며, 전례는 깡마른 과거의 추억이고, 그리스도인의 윤리는 노예로 바뀐다.

그러나 **성령 안에서는** 세상 곳곳에서 창조주 하느님의 숨결을 느낄 수 있고, 부활하신 그리스도께서 지금 여기에 우리와 함께 계시며, 복음은 생명을 주는 하느님의 말씀이 되고, 교회는 삼위일체이신 하느님과 나누는 친교의 장이 된다. 권위는 자유를 낳는 봉사가 되고, 선교는 제2의 오순절 사건이 되며, 전례는 과거를 되살리고 미래를 끌어당겨 지금 여기에서 맛보는 하늘나라의 잔치가 되고, 인간의 행위는 하느님의 활동이 된다."(안티오키아의 총대주교 이냐시오 드 하잠의 글 편집)

영성생활에서 성령의 역할은 절대적이기에 성령과 함께 호흡하는 삶과 그렇지 않은 삶이 어떻게 달라지는지 꼭 숙지해 두기를 권한다.

위에서 언급한 내용들을 하나로 모으면 영광의 신비 3단의 기도 지향이 된다. "우리의 용서가 몰아적인 사랑과 공동선을 위한 분별력으로 드러나 그리스도의 평화를 확산시키게 하소서." 간략하게 말하면, 우리는 영광의 신비 3단에서 '용서의 덕'을 청한다. 부활하신 예수님께서 제자들을 찾아오셔서 가장 먼저 하신 일도 용서였으니까.[47]

영광의 신비 4단 / '성모 공경과 성모의 덕을 본받음'
· 예수님께서 마리아를 하늘에 불러올리심을
  묵상합시다.

예수님께서 마리아를 하늘로 불러올리심[48]에서 우리는 '우리가 성모님을 더욱 공경하고 성모님의 덕을 본받을 것'을 청한다. 묵주기도의 각 단마다 기도지향을 둘 때, "구하오니 성모는 천주께 전달하사 ~"라는 추임새를 넣어보자. 추임새를 넣을 때와 추임새 없이 기도할 때가 많이 다르다는 것을 느끼게 될 것이다. 예를 들어, "고통의 신비 1단, 예수님께서 우리를 위하여 피땀 흘리심을 묵상합시다." 하고 나서, "구하오니 성모는 천주께 전달하사 저희에게 아버지의 뜻대로 사는 순명의 덕을 주시게 하소서." 하면, 어느새 우리가 성모님과 함께 기도하고 있음을 느끼게 된다.[49]

이렇게 묵주기도는 성모님과 함께 **예수님의 일생**을 묵상하는 기도이다. 묵주기도는 복음서 전체의 요약이라고 하는데, 복음의 중심은 예수님이다. 따라서 묵주기도의 중심도 예수 그리스도이시다. 교회는 전통적으로 '마리아를 통하여 예수님께' 나아간다고 가르쳤다.[50] 우리에게 성모님의 존재가 중요한 이유는, "우리가 성모님을 통해 예수님께 더욱 빨리, 더욱 확실하게 나아갈 수 있기 때문이다."(교황 요한 23세 성인) 무엇보다도 성모님은 예수님의 첫 번째 제자이자 가장 참다운 제자였다. 성모님은 예수님이 태어날 때부터 공생활을 마칠 때까지 예수님과 함께 한 분으로서, 하느님을 바라보게 하는 덕 곧 '향주삼덕'向主三德에 탁월하셨고, 하느님 나라를 실현하는 덕 곧 '복음삼덕'福音三德에도 탁월하셨다. 우리가 이런 분을 어찌 공경하지 않을 수 있겠는가.[51]

'성모송'을 떠올려 보자. 성모송은 마리아를 일컬어, '은총이 가득하다'고 탄복한다. '은총이 가득하다'는 것은 '복 중에서 최고의 복을 누리고 있다. 복이 가득하여 흘러넘친다. 조금의 부족함도 없다'는 뜻 아닌가. 그때의 그 복이란 **"주님께서 함께 계심"**임마누엘. Immanuel이다. 천사는 하느님께서 마리아와 함께 계신 것을 알아보고 그분과 함께 호흡하고 있는 당신이 여인 중에 가장 복되다고 칭송한 것이다. 복

중에서 가장 큰 복이 임마누엘임을 믿고 바라고 사랑하는 것이 신앙생활이라면, 성모님은 신앙인의 모범이 맞다.

이렇게 성모님은 우리에게 하늘과 땅을 연결하는 유일한 끈이 예수 그리스도임을 알려주셨다. 성모송의 후렴을 떠올려 보자. "이제와 우리 죽을 때에 우리 죄인을 위하여 빌어주소서." 이 기도의 의미는 성모님처럼 우리도 죽을 때까지 임마누엘의 사랑을 간직하게 해 달라는 뜻 아닌가. 임마누엘의 사랑만이 우리가 기뻐할 수 있는 유일한 원천이니까 말이다. 어떤 일이 발생하더라도 절대로 놓쳐서는 안 될 끈은, 우리가 아무런 두려움 없이 푸른 하늘을 훨훨 날아다닐 수 있게 하는 유일한 끈은 '임마누엘'이다. 이런 진실을 알려주신 분이 성모님이기에 영광의 신비 4단에서 우리는 성모님을 더욱 공경하고, 성모님의 덕을 본받을 것을 청한다.[52]

영광의 신비 5단 / '선에 항구함'

· 예수님께서 마리아께 천상 모후의 관을 씌우심을 묵상합시다.

예수님께서 마리아에게 천상 모후의 관을 씌우심에서 우리는 '우리에게 선善[53]에 항구한 마음을 주실 것'을 청한다. 성모님은 처음부터 끝까지 예수님과 함께하셨고 마침내 천상 모후의 관을 받았다. 성모님이 함께하셨던 예수님은 참되고 순수한 사랑 그 자체이다. 성모님의 일생처럼 그리스도인의 여정 또한 처음부터 끝까지 예수님과 함께 걷는 사랑의 여정이다. 그 여정 끝에는 엄청난 보상이 마련되어 있다. 어떻게 아느냐고? 일반적인 선물과 달리, 하느님께서 마련해 주신 선물은 지금-여기에서도 알 수 있는 선물이기 때문이다.(요한 17,3 참조)[54]

우리가 맞이할 세상과 우리 각자에게 주어질 선물을 묵상하는 것은 영성 생활에 큰 도움이 된다. 그때까지 우리는 버텨야 한다. 코린토 교회에 보낸 첫째 편지 13장에 '사랑의 찬가'가 소개되어 있는데, 그 노래에는 사랑에 없어야 할 것 여덟 가지와 꼭 있어야 할 것 여덟 가지가 소개되어 있다. 사랑에는 시기와 뽐냄, 교만과 무례함, 자기 이익과 분노, 앙심과 불의는 없어야 한다. 반면 참고 기다림, 친절과 진실, 모든 것을 덮어주고 믿고 바라고 견디어 냄은 꼭 있어야 한다. 한 마디로, 우리의 사랑은 "팔팔"해야 한다.(1코린 13,4-7 참조)

그런데 사랑에 있어야 하는 것 첫 번째와 마지막이 '참음'과 '견디어 냄'이다. 모두 '끈기'와 관련되어 있다. 사랑은 참고 견딤, 그 이상도 그 이하도 아닌 것 같다. 사랑의 이런 특성 때문인지는 몰라도, 사랑은 끝내 승리한다. 그래서 아시시의 성 프란치스코는 이런 말을 남겼다. "사랑은 조롱받고 거절당할 수 있지만, 결코 정복당하지 않는다."[55]

승리를 쟁취하기 위해서라도, 선에 항구한 마음을 갖기 위해서라도, 고난을 견뎌내기 위해서라도 우리는 지금-여기에 머무는 연습을 해야 한다. "내일 일은 난 몰라요. 하루하루 기쁨으로 살아요."라는 마음으로! "내일을 걱정하느라 오늘을 망치지 않겠다."

는 태도로! "오늘을 내 생애 최고의 날"로 고백하며 지금-여기에 머무는 연습을 해야 한다. 온전히 **Abba 하느님**께 의탁하면서!

"그리스도의 환난에서 모자란 부분을...
내 육신으로 채우고 있습니다."
(콜로 1,24)

Rosarium - enthusiasm

ROSARIUM | IN GOD | ENTHUSIASM

3
기도 지향들의 역동성

'묵주기도로 맛 들이는 영성생활' | 엔테오스

'우리의 죄악을 통해서도 !
그 부르심을 듣고
성모님처럼 겸손하게 응답해 보자.'

엔테오스 | 하느님 안에서 · 열정

제3장
기도 지향들의 역동성

1. 신비마다 연결되는 기도 지향들

지금부터 기도 지향들이 어떻게 서로 연결되며, 각각의 신비에서 추구하는 핵심 지향이 무엇인지 살펴보자.

우리는 영광의 신비 5단에서 매우 중요한 내용을 다루었다. 선에 항구하기 위해서는 우리의 의지만으로 되지 않고 하느님께 도움을 청해야 한다. 곧 성실하게 하느님과 관계를 맺어 나가야 한다. 그런데 환희의 신비에 담긴 기도 지향이 무엇이었던가? 그것은 '하느님과 관계 맺는 사람이 키워야 할 자질' 아니었던가. 이렇게 영광의 신비 5단은 다시 환희의 신비로 연결된다. 그리고 이런 연결은 영광의 신비 5단과 환희의 신비에서 끝나지 않는다.

환희의 신비 5단에서 우리는 '잃어버린 예수님을 열심한 마음으로 다시 찾아 얻을 수 있기를' 청했는데 그 지향은 알고 보면 빛의 신비에 담긴 기도 지향이다. 빛의 신비에 담긴 기도 지향들을 모아 보면 그것은 '잃어버린 예수님을 찾아 얻기 위한 지침'이 된다.

빛의 신비 5단에서 우리는 '살아 있는 또 하나의 맛있는 빵이 될 것'을 청했는데 그 지향 또한 고통의 신비에 담긴 기도 지향이다. 고통의 신비에 담긴 기도 지향들은 '살아 있는 맛있는 빵이 되기 위한 길' 혹은 '살아 있는 맛있는 빵으로서 걸어가야 할 길'이기 때문이다.

마찬가지로 고통의 신비 5단에서 우리는 '영원한 생명을 누리고, 원수를 사랑하며, 죽는 순간까지 하느님의 사랑을 증언하게 해 달라'고 청했다. 그런데 그 지향은 영광의 신비에 담긴 기도 지향과 동일하다. 영광의 신비에 담긴 기도 지향들은 '영원한 생명을 누리는 사람이 청하는 것', 혹은 '영원한 생명을 누리는 사람이 살아가는 삶의 모습'이기 때문이다.

이렇게 묵주기도는 환희의 신비에서 빛의 신비로, 빛의 신비에서 고통의 신비로, 고통의 신비에서 영광의 신비로, 영광의 신비에서 다시 환희의 신비로 쉼 없이 이어진다. 그러므로 묵주기도를 바치던 중 특정 지향이 마음에 와닿으면, 주저하지 말고 그냥 그곳에 빠져들면 된다. 본인이 처한 상황에 따라, 혹은 하느님 사업의 필요에 따라 빠져드는 곳이 매번 달라질 것이다. 어떤 때는 환희의 신비 1단에서, 어떤 때는 빛의 신비 2단에서, 어떤 때는 고통의 신비 3단에서! 그렇게 자신의 마음이 끌리는 대로 따라가고 나중에 그것들을 취합하면 그것이 여러분 자신의 고유한 영성이 될 것이다.

2.
각 신비의 핵심 지향

우리는 환희의 신비, 빛의 신비, 고통의 신비, 영광의 신비를 따라가면서 참으로 많은 지향을 두었는데, 각 신비마다 핵심 지향이 있다. 각 신비를 묵상하면서 어떤 지향에 힘을 실어야 하는지 살펴보자.

· **기쁨** _ '환희의 신비'

환희의 신비에 담긴 기도 지향들은 하느님과 관계 맺는 사람이 키워야 할 자질들이다. 그렇다면 하느님과 관계 맺는 사람이 키워야 할 '본질적인 자질'은 무엇일까? 그것은 '기쁨'이다. 알고 보면 이렇게 묻고 답하는 것이 이미 '환희의 신비'라는 이름에 담겨 있다. 환희의 신비는 하느님과 관계 맺는 사람이 키워야 할 자질에 대한 묵상이고, 하느님과 관계 맺는 사람이 키워야 할 본질적인 자질은 기쁨이라고 '환희의 신비'가 대놓고 이야기하고 있었다.

· 예수님의 천주성을 믿음 _ '빛의 신비'

빛의 신비에 담긴 기도 지향들은 잃어버린 예수님을 찾아 얻기 위한 지침이다. 그렇다면 잃어버린 예수님을 찾아 얻기 위한 '가장 확실한 지침'은 무엇일까? 그것은 '예수님의 천주성을 믿는 것과 우리가 살아 있는 맛있는 빵이 되는 것'이다. 예수님의 정체성에서 우리의 정체성과 역할이 나온다. 우리는 빛의 신비에서 부르심과 응답의 여정을 살펴볼 수 있다. 아니, 빛의 신비는 끊임없이 우리의 성소를 살펴보도록 초대한다. 그런데 알고 보면 이런 여정(초대)이 이미 '빛의 신비'라는 이름에 담겨 있다. 하느님에게서 뻗어져 나오는 빛과 그 빛에 매혹당하는 우리! 한 마디로, 빛의 신비는 '부르심과 응답의 여정'이다.

다시 정리해 보자. 빛의 신비에 담긴 기도 지향들은 잃어버린 예수님을 찾아 얻기 위한 지침인데, 잃어버린 예수님을 찾아 얻기 위한 가장 확실한 지침은 예수님의 천주성을 믿는 것과 우리가 살아 있는 맛있는 빵이 되는 것이다. 하느님의 사랑 안에서 우리가 또 하나의 빛이 되는 것이다. 이런 여정이 이미 '빛의 신비'라는 이름에 담겨 있었다.

· **고통과 죽음에 의미 부여** _ '고통의 신비'

고통의 신비에 담긴 기도 지향들은 무엇을 위한 것이었던가? 고통의 신비는 살아 있는 맛있는 빵이 되기 위한 길, 혹은 살아 있는 맛있는 빵으로서 걸어가야 할 길이다. 그렇다면 우리가 살아 있는 맛있는 빵으로서 해야 할 '가장 주요한 일'은 무엇일까? 그것은 우리 자신과 이웃의 '고통과 죽음에 의미를 부여하는 일'이라고 생각한다.[56] 이런 질문과 답이 이미 '고통의 신비'라는 이름에 담겨 있었다.

· **하느님의 영광** _ '영광의 신비'

영광의 신비에 담긴 기도 지향들은 무엇을 위한 것이었던가? 영광의 신비는 지금-여기에서부터 영원한 생명을 누리는 사람이 청하는 것, 혹은 지금-여기에서부터 영원한 생명을 누리는 사람이 살아가는 삶의 모습이다. 그렇다면 영원한 생명을 누리는 사람이 청하는 것 중에서 '가장 먼저 청해야 할 것'은 무엇일까? 그것은 '하느님의 영광'이다. 하느님과 우리가 하나 되었기 때문에 하느님께 영광을 드리는 것이 곧 우리의 영광이 된다.[57] 이렇게 영원한 생명을 누리는 사람이 가장 먼저 청해야 할 것이 하느님의 영광이라는 것을 '영광의 신비'라는 이름이 미리 말해 주고 있었다.

3.
단 하나의 지향

이제 묵주기도에서 가장 중요한 특징을 살펴보자. 가만히 들여다보면, 묵주기도에서 영광의 신비 5단과 고통의 신비 5단의 기도 지향이 같다. 영광의 신비 5단에서 우리는 선에 항구할 것을 청했고, 고통의 신비 5단에서는 죽는 순간까지 하느님의 사랑을 증언할 것을 청했다. "하느님의 사랑 안에 머물러 있어야" 선에 항구할 수도 있고, 죽는 순간까지 하느님의 사랑을 증언할 수도 있다.

빛의 신비 5단과 환희의 신비 5단의 기도 지향도 같다. 우리는 빛의 신비 5단에서 살아 있는 맛있는 빵이 될 것을 청했고, 환희의 신비 5단에서 잃어버린 예수님을 찾아 얻을 수 있기를 청했다. 우리가 "하느님의 사랑 안에 머물러 있어야" 살아 있는 맛있는 빵이 될 수도 있고, 잃어버린 예수님을 찾아 얻을 수도 있다.

결국 묵주기도의 모든 지향은 '하나'로 엮인다. 모든 지향을 하나로 묶는 끈은 **"하느님의 사랑 안에 머무름"**ἔνθεος이다. 누가 이 진실을 알려줬을까? 이 진실은 천사가 마리아에게 알려줬다. "주님께서 함께 계시니 여인 중에 복되다."고. "은총이 가득 찼으니 기뻐하라."고 말이다. 우리 삶에서 가장 중요한 것은 "하느님의 사랑 안에 머물러 있음", 혹은 "임마누엘과 함께 호흡하기"[58]이다. 이것은 이천 년 전에 '천사'가 마리아에게 알려준 진실이었다.

자, 이제 입장을 바꿔 놓고 한번 생각해 보자. 하느님께서 실존하시고, 그분께서 수 천 년 동안 인간에게 수많은 예언자를 파견하셔서 당신의 뜻을 밝혔다. 그럼에도 인간은 하느님의 존재를 믿지도 않았고 그분의 뜻을 받아들이려고도 하지 않았다. 그러자 하느님께서는 이번에는 당신의 외아들을 사람이 되게 하셨다. 사람이 되신 하느님께서는 온갖 표징과 가르침으로 **Abba 하느님**의 뜻을 전했다. 하지만 인간은 여전히 **Abba 하느님**의 뜻을 받아들이지 않았을 뿐만 아니라 그 아드님조차 죽여 버렸다. 아드님은 그런 일을 대비해서 미리 제자들을 양성해 놓으셨고, 아드님의 부활을 체험한 제자들은 이천 년 동안 아드님의 일을 계속해 나가고 있다. 그 일을 수행했던 제자들은 헤아릴 수 없이 많았는데, 그중에서 수천의 제자들은 타의 추종을 불허할 만큼 잘 살아서 사람들 사이에서 '성인 성녀'[59]로 불렸다. 그럼에도 인간이 그들의 삶과 증언조차도 무시한다면, 하느님은 인간을 어떻게 바라보실까?

만약 하느님이 인간이셨다면 그런 존재를 싹 쓸어버렸겠지만 그분은 사랑 그 자체이시다. 그렇게 사는 모습을 인간의 한계성으로 보고 측은히 여기실 것 같다. 인간은 자랑한다. 자기 재산을 믿으며 재물이 많음을! 하느님은 대답하신다. 사람이 사람을 구원할 수 없으며 하느님께 제 몸값을 치를 수 없다고.

그 영혼의 값이 너무나 비싸 언제나 모자란다고.(시편 49,7-9 참조) 하느님과 분리된 자의식을 갖고 자기 힘으로 살아가려는 인간은 어쩔 수 없는 '죄인'이다.[60] 그 한계성에서 벗어날 수 없다. 그러므로 잘난 척하지 말고, 철저하게 하느님께 자비를 청해야 한다. "하느님의 아들 주 예수 그리스도님, 죄인인 저에게 자비를 베풀어 주십시오."라고. 예수님은 일찍이 이렇게 말씀하셨다. "너희는 나 없이 아무것도 하지 못한다."(요한 15,5) 이런 것을 깨닫고 하느님께 의탁하여 하느님과 함께 호흡할 수 있다면 인생은 하느님과 함께 노는 '까꿍 놀이'가 된다. 우리의 인생은 하느님과 함께 천상 영광을 누리기 위한 여정, 그 이상도 그 이하도 아니다.[61]

우리가 아무리 하느님과 상관없이 살아도 도무지 외면할 수 없는 부르심이 있다. 그것은 우리 몸의 소리이고, 정신과 감정의 외침이다. 하느님은 우리의 육체와 정신과 감정을 통해서도, 그리고 우리가 겪는 다양한 사건들을 통해서도 우리를 부르신다. 심지어 우리의 죄악을 통해서도! 그 부르심을 듣고 성모님처럼 겸손하게 응답해 보자. 응답하면 닫혀 있던 사랑의 문이 열리는 것을 발견하게 될 것이다. 하느님의 부르심에 응답하여 하느님과 함께 호흡하기 시작하면, 그때 우리는 시련 속에서도 기뻐할 수 있다. 왜냐하면 "하느님과 함께 머무름"이 최고의 기쁨이요, 최고의 만족이기 때문이다.[62]

나가며

묵주기도는 사회적으로 가톨릭 문화를 접할 여건이 여의치 않거나, 신체적 특성 때문에 곧 눈이 잘 보이지 않거나 귀가 잘 들리지 않아 교회의 가르침을 배우는 게 쉽지 않을 때 정말 큰 도움이 된다. 하느님의 아드님께서 사람이 되실 때 **Abba 하느님**께서 동정녀 마리아를 <u>안배</u>해 주신 것처럼, 묵주기도는 하느님께서 가톨릭교회의 구원사업을 위해 마련해 주신 '하느님의 선물'이라고 생각한다. 누구나 손쉽게 따라 할 수 있으면서도 끊임없이 새로운 내용을 묵상할 수 있으니까 말이다.

묵주기도는 우리가 성모님과 함께 예수님의 일생(가르침)을 묵상하는 기도이다. 성모님과 함께 기도

안배 : 하느님께서 만물을 다스리며 보존하시는 행위, 교회에서는 섭리와 동일 의미

할 때 우리는 예수님께 더욱 빨리 나아갈 수 있다. 바꿔 말해 우리는 묵주기도를 통해 성모님처럼 사람이 되신 하느님을 품을 수 있다. 비록 상황이 이해되지 않을지라도, 고난을 겪을지라도!

    이 책의 내용은 한 사제가 묵주기도를 바치며 되새겨본 내용이었다. 이런 묵상을 바탕으로 여러분도 얼마든지 자유롭게 풍요롭게 여러분만의 내용을 묵상할 수 있다. 중요한 것은 묵주기도를 바치는 것이다. 하루에 일 단도 좋고 스무 단도 좋다. 어찌 되었건 손에서 묵주를 놓지 않고 쉼 없이 기도하는 게 중요하다. 여러분이 묵주기도를 통해 영성 생활에 재미를 붙이고, 시련 한복판에서도 기쁘게 지낼 수 있었으면 좋겠다. "하느님의 사랑 안에서"ἔνθεος 기쁨과 희망 간직한 채 그리스도의 평화를 나누는 나날 되기를 바란다.(요한 14,27; 마태 8,26; 필리 4,13 참조)[63]

"내 마음이 나의 구원자 하느님 안에서 기뻐 뛰니 그분께서 당신 종의 비천함을 굽어보셨기 때문입니다."(루카 1,47-48)

ROSARIUM | IN GOD | ENTHUSIASM

묵주기도와
기도 지향

'묵주기도로 맛 들이는 영성생활' | 엔테오스

"하느님께
더 큰 영광을 위하여!"

엔테오스 | 하느님 안에서 · 열정

· 묵주기도와
  기도 지향

"구하오니 성모는 천주께 전달하사~"

환희의 신비
'하느님과 관계 맺는 사람이 키워야 할 자질'

1단 / 마리아께서 예수님을 잉태하심을 묵상합시다.
 ◉ 저희에게 겸손의 덕을 주시게 하소서

2단 / 마리아께서 엘리사벳을 찾아보심을 묵상합시다.
 ◉ 저희에게 애주애인의 덕을 주시게 하소서

3단 / 마리아께서 예수님을 낳으심을 묵상합시다.
 ◉ 저희에게 청빈의 덕을 주시게 하소서

4단 / 마리아께서 예수님을 성전에 바치심을
    묵상합시다.
 ◉ 저희도 예수님과 마찬가지로 천주께 드려
    하느님의 뜻을 이루는 일꾼이 되게 하소서

5단 / 마리아께서 잃으셨던 예수님을 성전에서
    찾으심을 묵상합시다.
 ◉ 저희가 잃어버린 예수님을 열심한 마음으로
    다시 찾아 얻게 하소서

"구하오니 성모는 천주께 전달하사~"

빛의 신비

'잃어버린 예수님을 찾아 얻기 위한 지침'

1단 / 예수님께서 부활하심을 묵상합시다.
- ⦿ 세례성사로 하느님의 자녀가 된 저희가 세례 때 맺은 서약에 충실하게 하소서

2단 / 예수님께서 카나에서 첫 기적을 행하심을 묵상합시다.
- ⦿ 저희가 평범함 속에 숨겨진 하느님의 선물을 발견하고 기뻐하게 하소서

3단 / 예수님께서 하느님 나라를 선포하심을 묵상합시다.
- ⦿ 저희가 이미 시작된 하느님 나라에 살고, 아직 완성되지 않은 하느님 나라의 확산에 기여하게 하소서

4단 / 예수님께서 거룩하게 변모하심을 묵상합시다.
- ⦿ 저희가 예수님의 천주성을 믿게 하시고, 거룩함에 초대받은 자신의 가치도 깨닫게 하소서

5단 / 예수님께서 성체성사를 세우심을 묵상합시다.

⊙ 저희가 더욱 경건한 마음으로 성체를 영하게
하시고, 하느님의 사랑 안에서 살아있는
또 하나의 맛있는 빵이 되게 하소서

"구하오니 성모는 천주께 전달하사~"

고통의 신비

'살아있는 맛있는 빵이 되기 위한 길'

1단 / 예수님께서 우리를 위하여 피땀 흘리심을
묵상합시다.

⊙ 저희에게 아버지의 뜻대로 사는 순명의 덕을
주시게 하소서

2단 / 예수님께서 우리를 위하여 매 맞으심을
묵상합시다.

⊙ 저희에게 인내의 덕을 주시게 하소서

3단 / 예수님께서 우리를 위하여 가시관 쓰심을
묵상합시다.

- ⊙ 저희에게 경멸받음을 좋아하는 덕을 주시게 하소서

4단 / 예수님께서 우리를 위하여 십자가 지심을 묵상합시다.

- ⊙ 저희에게 용기의 덕을 주시게 하소서

5단 / 예수님께서 우리를 위하여 십자가에 못 박혀 돌아가심을 묵상합시다.

- ⊙ 저희가 죄의 억압과 죽음의 공포에서 해방되어 지금-여기에서부터 영원한 생명을 누리게 하시고, 미움과 상처에서 자유로워져 원수를 사랑하게 하시며, 죽는 순간까지 하느님의 사랑을 증언하게 하소서

"구하오니 성모는 천주께 전달하사~"

영광의 신비

'영원한 생명을 누리는 사람이 청하는 것'

1단 / 예수님께서 부활하심을 묵상합시다.

⊙ 저희에게 굳센 믿음의 덕을 주시게 하소서

2단 / 예수님께서 승천하심을 묵상합시다.

⊙ 저희에게 굳센 희망의 덕을 주시게 하소서

3단 / 예수님께서 성령을 보내심을 묵상합시다.

⊙ 저희의 용서가 몰아적인 사랑(성령의 열매)과 공동선을 위한 분별력(성령의 은사)으로 드러나 '그리스도의 평화'를 확산시키게 하소서

4단 / 예수님께서 마리아를 하늘에 불러올리심을 묵상합시다.

⊙ 저희가 성모를 더욱 공경케 하시고, 성모의 덕을 본받게 하소서

5단 / 예수님께서 마리아께 천상 모후의 관을 씌우심을 묵상합시다.

⊙ 저희에게 선(善)에 항구한 마음을 주시게 하소서

"말씀하신 대로
저에게 이루어지기를
바랍니다."
(루카 1,38)

Rosarium - enthusiasm

ROSARIUM | IN GOD | ENTHUSIASM

기도 지향과 관련된 묵상 자료 및 미주

'묵주기도로 맛 들이는 영성생활' | 엔테오스

'우리는 묵주기도를 통해
성모님처럼
사람이 되신 하느님을 품을 수 있다.'

엔테오스 | 하느님 안에서 · 열정

· 기도 지향과
  관련된 묵상 자료
  및 미주

기도 지향과 관련된 묵상 자료 및 미주

일/러/두/기

관련 자료 및 미주
설명이 **단일항목**일 경우 **숫자(7)**
여러 항목일 경우 **숫자+알파벳(7-A, B, C)**
등 으로 표기.

들어가며

P. 13

1. 우리는 어디에서 삶의 의미를 찾을 수 있을까? 정신과 의사 빅터 프랭클은 제2차 세계대전 당시 나치에게 잡혀 가족들과 생이별하고, 집과 모든 재산을 다 뺏기고 강제수용소에 갇히게 되었다. 그는 수용소에서 지내면서 어떻게든 삶의 의미를 찾으려고 로고테라피(의미 추구를 통한 치료)를 완성하려 했다. 그런데 불행하게도 외투 깊이 감추어 두었던 원고가 발각되어 빼앗기게 된다. 유일한 삶의 의미였던 원고를 빼앗기자 그는 더 이상 살아야 할 힘도 이유도 찾을 수 없었다. 절망이었다. 그러다가 전환점이 생긴다. 하느님께서

오묘한 방법으로 그를 찾아오신 것이다. 어느 날 그는 가스 처형실에서 죽은 죄수가 입던 누더기 옷을 배급받는다. 옷을 갈아입다가 주머니 안에 들어있는 꼬깃꼬깃 접은 종이를 발견한다. "너, 이스라엘아 들어라. 우리의 하느님은 야훼시다. 야훼 한 분 뿐이시다. 마음을 다 기울이고 정성을 다 바치고 힘을 다 쏟아 너의 하느님 야훼를 사랑하여라."(신명 6,4-5) 이 글을 읽고 프랭클은 다시 삶의 의미를 발견한다. 하느님 안에서 진정한 삶의 의미를 찾은 것이다. 그는 말한다. "인생의 어떤 험한 처지에서도 삶의 의미를 찾을 수 있다면 우리는 살아갈 힘이 생긴다. 왜 살아야 하는지 그 이유를 아는 사람은 어떻게든 고통스런 처지를 견디며 살아갈 수 있다."

주님 안에서 삶의 의미를 찾는다는 것은 그리스어 '열정'의 의미를 파악하면 쉽게 이해할 수 있다. 그리스어로 열정은 **엔테오스**ἐνθεος이고, 그 의미는 '하느님 안에 머묾'이다. 하느님 안에 머물러 있으면 우리는 어떤 처지에 있든지 삶의 의미를 찾을 수 있다. 어떤 사람은 삶의 의미는 자신이 바라는 일을 할 때 찾을 수 있다고 생각한다. 물론 자신이 바라는 일을 하면 즐겁고 성취감도 느끼고 보람도 있을 것이다. 하지만 그것이 곧 삶의 의미와 연결되는 것은 아니다. 만일 어떤 이유로든 자기가 바라는 일을 못하게 되면 그 사람은 불행하게 느낄 것이다. 이렇듯 삶의 의미는 일하고는 관계가 없는 것이다. 삶의 의미는 하느님 안에서 찾아야 한다. (송봉모, 「예수 새 시대를 여심」, 322-325쪽 편집)

P. 13

2. 우리가 지혜를 찾는 만큼 지혜는 자신을 알아보게 해 준다.(지혜 6,13-14) 이것은 지혜가 전달되어야 하는 것도 아니고, 끌어내야 하는 것도 아니라는 것을 암시한다. 즉 우리는 사람들이 "이미 거기에 있는" 지혜를 보다 분명하게 볼 수 있도록 "커튼을 걷어 주면"revelare 되는 것이다. (토마스 그룹, 「생명을 위한 교육」, 424-425쪽 편집)

제1장 기도 지향에 대한 개괄적인 안내

P. 18

3. 오늘날 그리스도인은 기도문이나 공동체 전례에서 하느님을 '아빠' 또는 '아버지'라 부른다. 그렇기에 예수님이 하느님을 '아빠'라 불렀을 때, 그 호칭이 2000년 전 당시의 유다인들에게 얼마나 급진적이고 충격적이었을지 짐작하기 어렵다. 구약성경은 물론이고 유다교 문헌 어디에서도 하느님을 아빠 또는 아버지라고 부른 경우는 찾아볼 수 없다. 구약성경에서 하느님의

이름인 야훼가 6,828번 나오지만, 유다인들이 하느님의 이름을 입으로 발음한 적은 없다. 그 이름이 나오면 "음, 음, 음" 하고 지나가거나 '나의 위대하신 주님'이라는 뜻인 '아도나이'로 바꾸어 읽었다. 그 까닭은 허물 많고 죄스런 인간의 입술로 지극히 거룩하신 하느님의 이름을 부르는 것은 더없이 불경한 일이라고 여겼기 때문이다. 이런 종교적 감수성을 가지고 있는 유다인들이 하느님을 감히 '아버지', '아빠'라고 부르는 것을 어찌 상상이나 할 수 있겠는가. 그러나 하느님은 아버지로 불리기를 원하신다. 아니, 아버지보다는 '아빠'Abba로 불리기를 원하신다.(마태 6,9) Abba는 깊은 신뢰와 온전한 의탁이 동반된 친밀한 관계에서 부를 수 있는 호칭이다.

(송봉모, 「예수 우리의 발걸음을 아빠 하느님께로」, 16-17쪽 편집)

제2장 구체적인 기도 지향

환희의 신비

P. 26

4. 겸손은 아래에서 위로가 아니라 위에서 아래로 내려오는 것이다. 그것은 보다 작은 자가 보다 큰 자를 인정하는 것이 아니라 보다 큰 자가 보다 작은 자 앞에

서 경외심을 갖고 허리를 굽히는 것을 의미한다. 그렇게 자신을 낮추는 것이 큰 사람에게도 이익을 주는가? 그렇다. 그런 겸손한 자세에서 작은 자 자체의 소중함이 그에게 알려진다.

하느님께서 당신의 영광을 세력 있는 자들에게는 감추시고 작고 보잘것없는 자들에게는 알린 일에 대한 예수님의 기쁨을 생각해 보자.(루카 10,21) 그분이 버림받고 의심스러운 인간들의 삶을 책임지고 그런 삶의 운명을 경험하는 것이 그분에게는 헤아릴 수 없이 큰 의미를 지닌 것이다.(필리 2,6-9) 사랑은 겸손에 근거한다. 이것은 인간에게 익숙한 모든 가치의 전환을 의미한다. 악마의 주장은 이렇다. "이 하느님 앞에서 나는 그런 하느님에게 머리를 숙이지 않겠다고 선언하고 싶은 마지막 유혹이 생겨난다. 차라리 절대적 존재, 지극한 영광, 최고의 이념, 올림피아의 신들에게 머리를 숙이겠다. 그러나 이 하느님에게는 아니다." 그러나 그리스도교적 겸손은 하느님의 이런 심성을 실행하는 것이다.

건강과 아름다움, 힘과 재능, 이성과 문화에 대한 모든 감정을 지닌 자연적 인간으로서 이 모든 감정에 비추어 철저하게 의심스럽게 보이는 인간, 곧 '십자가 아래에 있는 그리스도'에게 머리 숙임을 영광으로 알아야 한다. "나는 사람도 아닌 구더기, 세상에서 천더기, 사람들의 조롱거리"(시편 22,6. 공동번역)라고 스스로 말하는 분에게 머리 숙임, 여기에 그리스도교적 겸손의 근거가 있다. 여기서부터 이 겸손은 같은 피조물에게 향하게 된다. (로마노 과르디니, 「주님」, 483-486쪽 편집)

P. 27

5. 구약 시대에 '하느님의 종'은 열심한 유다인들에게는 영예로운 칭호로 사용되었다. 사무엘의 기적적인 출생 이야기(1사무 1,1-20)에서도 하느님이 비천한 자를 돌본다는 사상이 전면에 나타나고 있다. 사무엘의 어머니 한나는 네 번에 걸쳐 자신을 '주님의 여종'이라고 칭한다. ("마리아의 노래", 「한국가톨릭대사전」 제4권, 2403쪽 편집)

6-A. 인간은 하느님 앞에 비천한 이들이며 굶주리는 이들이다. 하느님의 위업이 무엇인지를 깨우치고 그분을 받아들이기 위하여 인간은 늘 자신의 존재 의미를 깨달아 그분께 돌아서도록 노력해야 한다. 인간은 주님이 아니라 종이며 창조주가 아니라 피조물이기 때문이다. 자각하는 인간은 필연적으로 스스로 궁핍한 처지를, 구원을 필요로 하는 인간의 모습을 알게 된다. 인간이 하느님 앞에 선 자신의 모습을 깨닫는 것은 부

끄러운 일이 아니라 오히려 겸손이다. 겸손은 가장 소중한 덕이다. 왜냐하면 하느님은 겸손한 이들을 돌보고 굽어살피시기 때문이다.(루카 1,47-48) 도움을 필요로 하는 자신의 모습을 깨닫는 자만이 하느님의 충만함에 희망을 걸고 그분이 이루시는 구원을 받아들일 수 있다. (위의 책, 2404쪽 편집)

B. "죄와 고된 노동에 계속 시달려 온 영혼은 겸손 안에서만 쉴 곳을 찾는다. 겸손은 수많은 악 한가운데 있는 유일한 정화수다."(성 골룸반의 **「수도승 규칙서」** 8항; 토마스 오 퓌, **「그리스도를 위한 나그네」**, 108-109쪽 인용)

P. 28

7-A. 욥이 모든 것을 잃고 끔찍한 시련을 겪고 있는데, 친구들이 와서 도와준다면서 사실 정반대의 일을 한다. 그들은 이렇게 말한다. "네가 죄를 지었고 분명히 어떤 잘못을 했으니까 이런 시련을 겪는 거야, 빨리 무슨 잘못을 저질렀는지 찾아봐." 욥은 이런 설명을 거부하는데 전적으로 욥이 옳았다. 우리는 도식적 설명에, 특히 그 도식이 영적인 것일 때는 아주 신중해야 한다. 그렇지 않으면 욥의 친구처럼, 조언을 한답시고 오히려 상대방을 좌절에 빠트리는 결과를 초래할 수 있다. 위대한 이론에 기초하여 완성된 답을 제시할 게 아니라 하느님의 구체적인 부르심과 그 사람 앞에

펼쳐진 길을 스스로 발견할 수 있도록 도와야 한다.
(자크 필립, 「소화 데레사 사랑의 엘리베이터」, 192-198쪽 참조)

B. 교황 바오로 6세는 「그리스도인의 기쁨」에서 성령께 행복과 기쁨의 선물을 청하라고 권고하신다. 기쁨의 반대는 슬픔이다. 슬픔은 사탄이 사용하는 마법의 무기이며, 사탄은 인간의 마음을 냉혹하게 비참하게 만든다. 이런 아픔이 봉헌된 이들의 마음에 스며든다면 교황께서 권고하신 말씀을 기억하는 게 좋다. "다양한 그룹의 구성원들을 동요시키는, 지나치게 조직적이고 파괴적인 비판은 배격해야 합니다. 그리스도교 공동체들은 현실적 관점에서 벗어나지 않으면서도 낙관주의의 중심이 되어야 할 것이며, 모든 구성원은 사람들과 사건들의 긍정적인 면모를 파악하기 위해 부단히 노력해야 합니다." (프란치스코 교황, 「프란치스코 교황의 영신수련 묵상 길잡이」, 32-33쪽 편집)

C. "단죄가 삶을 변화시킨 적은 단 한 번도 보지 못했다."는 어느 수도자의 말처럼 질책이나 단죄가 사람을 변화시키기는 힘들다. 그러나 사랑은 가능하다. 그리스도인의 보복은 사랑이다. (김남철, 「영화로 하는 교리수업」, 161쪽 편집)

P. 28

8. 사도 바오로는 갈라티아서에서 이렇게 말한다. "그리스도께서는 우리를 자유롭게 하시려고 해방시켜 주셨습니다. 그러니 굳건히 서서 다시는 종살이의 멍에를 메지 마십시오."(갈라 5,1) 우리가 불만을 가지는 원인 중 하나는 자기 자신과 영적인 삶에 대해 가지고 있는 자기만의 관념, 우리가 스스로 규정하는 내면의 규칙에 따라 우리 마음을 노예로 만들기 때문이다. 우리는 성실하게 기도하고, 특정한 능력을 습득하며, 영적인 길로 반듯하게 나아가야만 하느님께서 우리를 마음에 들어 할 것이라고 생각한다.

오늘날에는 우리를 노예로 만드는 이런 '내면의 규칙들'(당위當爲의 폭력)이 비종교적인 방식으로도 표현된다. 이를테면 "매일 몇 킬로미터를 뛰어야 한다, 건강해지려면 이것만 먹고 저것은 먹지 말아야 한다, 정신을 똑바로 차리고 신중을 기하는 연습을 해야 한다." 등으로 말이다. 현대인은 자신들이 직접 정한 규칙이나 미디어가 부추기는 규칙의 영향을 많이 받는다. 그리스도는 우리가 이런 모든 규칙의 노예가 되지 못하도록 막아준다. 예수님의 영이 우리 안에 있다면 우리는 참된 자유를 누릴 수 있다.(2코린 3,17)

예수님 안에서 자유로워진 사람은 남들이 자신에 대해

어떻게 생각하든, 어떻게 대하든 크게 신경 쓰지 않는다. 외부의 조건 때문에 내적 평화가 흔들리지도 않는다. 자유와 평화는 근본적으로 하나이다. 인간의 판단, 성공과 인정, 명성과 같은 이 세상의 잣대로부터 자유로운 사람은 매 순간을 만족스러워 할 수 있고, 자기 마음속에서 진정한 내적 평화를 발견한다. 하느님께서 그의 마음속에 존재하고 자신의 욕구나 남들의 기대에 휘둘리지 않기 때문이다. (안젤름 그륀, 「**당신은 이미 충분합니다**」, 219-225쪽 편집)

P. 29

9-A. 「**아가**」에서 우리는 우리가 찾는 분이 현존하시고 우리가 그분을 발견하게 되리라는 흔들림 없는 희망에 기초한 '추구'라는 주제를 보게 된다. 그와 함께 초조함, 고통, 그 추구에서 생겨나는 기다림이라는 주제도 보게 된다. 연인을 찾아내면 놀람과 기쁨, 평화와 열정을 맛보지만, 곧 다시 그를 잃어버리고 갈망과 질문, 탐구가 뒤따르게 된다. 여기에는 아기에게 열정과 발견의 기쁨을 주기 위해 숨바꼭질을 하는 어머니의 기초적 형태의 사랑에서부터 진정한 우정의 경험에 이르기까지, 평생 계속되는 '사랑놀이'가 지극히 단순한 형태로 묘사되었다는 느낌이 든다. 사랑의 놀라움과 기쁨이 커지기 위해서는 부재와 현존, 숨음과 찾음이 요구된다. (C.M. 마르티니, 「**약함의 힘**」, 218-219쪽 편집)

B. 부모와 자녀의 관계가 튼튼하면 자녀는 부모가 보이지 않아도 먼 곳까지 씩씩하게 뻗어나간다. 마찬가지로 **Abba 하느님**과 우리의 관계가 튼튼하면 하느님의 부재不在를 느끼는 상황에서도, 곧 시련과 고통, 나약함과 실패 속에서도 기쁨과 희망 간직한 채 자신의 길을 걸어간다.

C. 죄를 참회하지 않으면 분노와 원망만 남으며, 자신의 죄책감을 다른 사람에게 투사하게 된다. 하지만 사실 이것은 하느님을 탓하는 것이다. 우리가 죄를 고백하지 않으면 삶은 패배라고 생각할 것이다. 결국 삶은 왜곡된 채 끝내 제 모습을 드러내지 못하게 된다. 자신의 처지를 변명하고 상대방을 탓하느라 진실이 가려지기 때문이다. 세상을 있는 그대로 보지 못하고 아담과 카인처럼 세상을 어두운 통로로, 또는 이집트를 그리워하고 바빌론에 안주했던 변덕스럽고 속된 이스라엘 백성처럼 배를 채우는 여물통으로 이해하게 될 것이다. 그저 적자생존의 세계로, 약육강식의 세계로만 받아들일 것이다. 그러나 진실은 그렇지 않다. 세상은 창조주 하느님의 손길을 체험하는 자리요, 사랑과 희생이 인간의 본성임을 자각하는 자리이다. (스콧 한, 「**치유하는 고해성사**」, 19쪽. 186-187쪽 편집)

P. 29

10. 시메온은 하느님께서 이끄시도록 기도한 사람의 전형이다. 루카는 세 차례나 시메온이 '성령의 인도를 받은' 사람이라고 기록한다.(루카 2,25-27) "이에 주님의 영광이 드러나리니 모든 사람이 다 함께 그것을 보리라."(이사 40,5)고 하신 이사야의 약속이 늙은 시메온에게서 완성된다. 그래서 시메온은 아기를 팔에 안고 루카 복음서의 첫 번째 성체 의식을 거행한다. (프란치스코 교황, 앞의 책, 304-306쪽 편집)

P. 30

11. 이때 샤를 드 푸코의 '자기 봉헌문'이나 아시시 성 프란치스코의 '평화의 기도'를 바치면 큰 도움이 된다.

12-A. 살면서 시련과 고통이 다가왔을 때 우리는 그것을 어떻게 직면해야 할까? 먼저, 두려워하지 말아야 한다. 물론 이런 상황을 직면하는 것은 쉽지 않다. 흔히 그것은 가난하고 박탈당한 느낌을 안겨주니까. 하지만 그것 또한 삶의 일부이므로 수용해야 하고 신뢰와 '게임을 해야' 한다. 모든 것이 합쳐져 선을 이루고 모든 것이 결국에는 긍정적인 것으로 드러날 것이다. (자크 필립, 앞의 책, 171쪽 편집)

B. 한 개인의 고통은 공간과 시간 전체를 통하여 무

한히 미묘하게 활동하시는 하느님의 목적이라는 맥락 속에서 바라봐야 한다. 시카고 미술관에 쇠라가 점묘법으로 그린 걸작 「**그랑드 자트 섬의 일요일 오후**」가 걸려 있다. 서로 다른 색깔의 수없이 많은 작은 점들로 이루어진 이 그림은 가까이 가서 보면 아무런 의미 없는 얼룩만 보이지만, 뒤로 물러나 바라보면 점들이 서로 섞여 모양과 무늬를 이루는 것을 볼 수 있다. 그리고 아주 멀리 떨어져서 바라볼 때라야 멋지게 조화를 이룬 단일한 작품으로서 그림의 실체가 드러난다. 하느님은 화가와 같고, 그분의 캔버스는 시간과 공간 전체이다. (로버트 배런, 「**가톨리시즘**」, 175-176쪽 편집)

빛의 신비

P. 33

13-A. 왕자라는 정체성을 지닌 사람이 머슴처럼 행동할 수 없고, 공주라는 정체성을 지닌 사람이 시녀처럼 행동할 수 없다.

B. 'telos'는 '실현'을, 'typos'는 '존재 방식'을 의미하므로, 'telostypos'는 '자신의 창조 목적을 실현하는 존재 방식'을 뜻한다. 우리도 예수 그리스도처럼 우리의 telostypos을 포기에서 발견할 수 있다. 자유의 깊은 뿌리는 자발적인 포기와 맞닿아 있기 때문이다.

(프란치스코 교황, 앞의 책, 331-332쪽 참조)

P. 33

14-A. 바오로 사도에 따르면, 믿는 이는 세례를 통해 그리스도의 죽음에 일치하여 그분과 함께 묻혔다가 함께 부활한다.(로마 6,3-4) 세례를 받은 사람들은 "그리스도를 입었다."(갈라 3,27) 성령을 통하여 세례는 깨끗하게 해 주고, 거룩하게 해 주고, 의롭게 해 주는 목욕이다. (『가톨릭 교회 교리서』 1227항 편집)

B. 세례는 모든 죄를 정화하기만 하는 것이 아니라 새신자를 "새사람"(2코린 5,17)이 되게 하며, "하느님의 본성에 참여하는"(2베드 1,4) 하느님의 자녀가 되게 하고(갈라 4,5-7), 그리스도의 지체(1코린 6,15), 그리스도와 공동 상속자(로마 8,17), 성령의 궁전(1코린 6,19)이 되게 한다. (위의 책, 1265항 편집)

15-A. 죄란 이성과 진리와 올바른 양심을 거스르는 잘못이다. 죄는 어떤 것에 대한 비뚤어진 애착 때문에 하느님과 이웃에 대한 참다운 사랑을 저버리는 것이다. 죄는 인간의 본성에 상처를 입히고 인간의 연대성을 해친다. 죄는 "영원한 법에 어긋나는 말이나 행위나 욕망"이라고 정의되어 왔다. 죄는 선과 악을 알고 규정하는 '하느님처럼 되겠다'(창세 3,5)는 헛된 의지로 하

느님께 복종하지 않고 반항하는 것이다. 그러므로 죄는 "하느님을 업신여기고 자기를 사랑하는 것"이다. (위의 책, 1849항. 1850항 편집)

B. 우리는 흔히 죄와 악을 혼용해서 사용하지만, 엄격한 의미에서 '죄'와 '악'은 구별되어야 한다. 악 또는 악행은 죄에 따라오는 것이다. 그리스도교에서 죄라고 하는 것은 윤리적인 악행 이전에 하느님과 상관없이 살아가는 것이다. 하느님께서 주신 선물에 집착하여 그 선물을 주신 하느님을 잊어버리는 것이다. 죄를 범하면 소극적인 측면과 적극적인 측면에서 그 증상이 나타난다. 소극적인 측면은 자기 자신 안에서 일어나는 특징이다. 버림받은 감정, 쓸모없음에 대한 인식, 황량함과 허무함, 수치심 등. 이런 감정과 인식과 느낌으로는 살아갈 수 없으니까 죄인은 그때부터 엄청난 탐욕을 부린다. 돈으로라도, 인정받음으로도, 쾌락으로라도 살아보고자 하는 것이다. 이와 같은 탐욕이 죄의 적극적인 측면이다. 탐욕은 참을 수 없는 성욕, 끈질긴 재물욕, 무한한 현세욕으로 드러난다. 바꿔 말해, '존재'에 대한 관심 상실이 '존재물'에 대한 관심 획득으로 나타나는 것이다. 이런 자기중심주의와 현세 중심주의가 하느님으로부터 돌아선 죄인이 획득한 새로운 방향성이다. (김용규, 「백만장자의 마지막 질문」, 338-339쪽 참조)

C. 원죄란, 하느님과 형성된 깊은 유대감 및 일치감을 잃어버리고 하느님과 분리된 스스로의 자의식을 갖고 자신의 힘으로 살아보고자 하는 인류의 보편적인 경험을 기술하는 개념이다. 동정녀 마리아는 하느님이시면서 손상되지 않은 인간성을 지닌 하느님의 아드님을 세상에 낳아주기 위해, 인류의 구원사업을 위해, 미리 원죄로부터 보호를 받고 태어나셨다. 죄에 물들지 않은 사람은 하느님의 자비에 의해 구원받은 사람들이다. 곧 하느님 나라에서 천국을 영위하는 사람들이다. 마리아는 하느님의 구원 계획에 따라 그 은총을 미리 입었다. 이것이 천사가 마리아에게 건넨 인사말에 나타나 있다. "은총이 가득한 이여,"(루카 1,28) 이 호칭을 통해서 우리는 마리아는 태어날 때부터 일반적인 사람과 달리 하느님과 분리된 자의식을 가진 게 아니라 하느님과 형성된 깊은 유대감을 지니고 성장했음을 유추할 수 있다. 이것이 곧 우리가 추구하는 신앙교육의 원형이다.

D. 죄를 범하면 우리의 지성은 흐려지고, 의지는 약해지며, 욕망은 혼란스러워진다. 죄는 자기 자신뿐만 아니라 교회 전체에 영향을 미친다. 죄를 범함으로써 우리는 교회의 거룩함을 모호하게 만들고, 교회를 덜 풍요롭게 하며, 교회 안에 더 큰 무질서를 가져온다. 이런 죄의 결과가 죽음이다. 그러므로 신앙인은 고해

성사를 통해 죄를 씻어버려야 한다. 우리는 고해성사를 통해 우리의 욕망(원의)을 바로잡을 수 있다. 하느님께서는 고해성사의 은총으로 우리가 원하는 것을 바꾸어 주신다. 더 이상 자신이 원하는 것을 바라지 않고 오히려 영원한 생명을 얻고 하느님의 본성에 참여하기 위해 필요한 것을 바라게 된다. 그럼에도 불구하고 죄를 고백하지 않으면 어떻게 될까? 그 내용은 미주 9-C를 참조할 것. (프란치스코 교황, 앞의 책, 104쪽; 스콧 한, 앞의 책, 186-187쪽 편집)

E. 죄는 우리가 맺은 가족 관계를 파괴하고, 우리를 생명과 자유로부터 단절시킨다. 그런데 우리가 죄를 짓고도 참회할 생각조차 하지 않으면, 우리는 지성을 점점 무디게 하고 의지를 더욱더 박약하게 만드는 치명적인 습관과 악에 머물게 된다. 이렇게 우리가 죄의 올가미에 걸려들면 우리의 모든 가치 기준이 전도된다. 곧 악은 선으로 선은 악으로 간주 된다. 다시 말해, 악은 가장 우선적으로 성취되어야 하는 깊은 갈망이 되고, 선은 금지된 욕망들을 만족시키지 못하도록 막는 위협이 된다. 이렇게 되면 회개는 거의 불가능하다. 이 상태에서 우리를 구할 수 있는 것은 오직 재앙뿐이다. 회개의 가망도 없이 버려지는 것보다는 죄의 세계를 향해 작별을 고하는 편이 낫다. (마르 8,36) (스콧 한, 「**어린양의 만찬**」, 2020년, 169-171쪽 편집)

F. 은총은 우리의 인간성 안에 있는 모든 약점을 보완한다. 우리는 하느님의 도움을 받아 인간적인 힘으로는 결코 할 수 없는 것을 할 수 있게 된다.(필리 4,13) 우리도 예수님이 행하셨던 것처럼 완전하게 사랑하고, 철저히 희생하며, 남을 위해 생명을 내어놓을 수 있게 되는 것이다. 이로써 우리는 지상의 것에 대한 애착을 버리고 오직 하늘만을 그리워하게 된다. 예를 들어, 고해성사를 잘 본 사람은 다음과 같은 체험을 한다. 단죄받을까 두려워하던 사람은 용기를 얻고, 혼란스러워하던 사람은 진리의 빛을 얻으며, 휘청거리던 사람은 믿음으로 꼿꼿이 서고, 울던 사람은 웃음을 되찾고, 괴로움에 짓눌린 사람은 해방감을 얻고, 후회하던 사람은 용서를 받으며, 아무 자격이 없다고 생각하던 사람은 또 다른 기회를 얻게 된다. (스콧 한, 「어린양의 만찬」, 2020년, 246쪽; 마우리치오 미릴리, 「걱정말아요 365일」, 573쪽 편집)

G. 바오로 서간에서 자주 등장하는 개념이 '의화'(義化. 로마 3,23-24)다. 의로움 혹은 정의라고도 번역되는 **디카이오스**δίκαιος라는 말은 우리가 일상에서 사용하는 '분배 정의'가 아니다. 바오로가 염두에 두고 있는 것은 '계약 정의'다. 계약을 맺은 두 사람이 그 계약이 요청하는 바에 충실하다면 둘은 정의롭다. 곧 의로움은 계약이 요청하는 것에 충실할 때 가능하다. 하느

님과 이스라엘이 맺은 계약에 따라 하느님은 이스라엘의 하느님이 되어주시고, 이스라엘은 하느님의 백성이 되었다. 따라서 하느님은 이스라엘을 돌보시고, 이스라엘은 하느님이 명하신 법을 따라 살아야 한다. 예수 그리스도를 믿고 받아들이는 사람들은 예수님이 이루신 이 의로움을 받음으로써 하느님 앞에서 의로워진다. 이렇게 우리의 의화는 우리의 노력에 의해 쟁취되는 것이 아니라 오로지 예수 그리스도의 은총으로 이루어지는 것이다. 그러므로 우리는 이런 진실을 되새기며 세례 때 맺은 자신의 서약에 충실해야 한다.
(최현순, 「은총」, 61-65쪽 편집)

P. 34

16. 이 사건은 언뜻 보면, 예수님께서 잔치 중에 포도주가 떨어져 곤경에 처한 혼주를 위기에서 구해 준 사건처럼 보이지만, 이 사건의 상징성은 그렇게 단순하지 않다. 유다인들이 하느님과 이스라엘의 관계를 어떻게 묘사하고 있었던가를 떠올려 보면 된다. 유다인들은 하느님과 이스라엘의 관계를 혼인 관계로 표현했고, 신랑이 신부를 반기듯 하느님께서 당신 백성을 사랑하신다고 했다. 그래서 이스라엘에서 혼인날은 전통적으로 메시아의 도래를 가리키는 개념이다. 예수님께서 혼인 잔치에서 첫 번째 표징을 보이신 것은, 예수님과 함께 메시아의 시대가 시작되었음을 선포하

는 행위이다.

혼인 잔치에서 빼놓을 수 없는 매개체는 포도주다. 하객들을 흥겹게 만드는 포도주는 메시아가 찾아왔을 때 이스라엘이 맛볼 수 있는 기쁨을 상징한다. 아모스 9장 13절은 그날을 이렇게 노래한다. "보라, 그날이 온다. 산에서 새 포도주가 흘러내리고 모든 언덕에서 새 포도주가 흘러넘치리라." 예수님께서 혼인 잔치에서 물을 포도주로 바꾸신 것은, 이스라엘이 고대하던 그 날이 왔다는 뜻이고 예수님이 곧 '그분'이라는 뜻이다. 예수님과 함께 머물면 평범함이 비범함으로 변화될 수 있다. 사실, 그분은 인류가 기다려온 구세주이기 때문에 그분과 함께 머무는 것 그 자체가 발포성 기쁨과 다른 '무언의 기쁨'의 극치이다. (「교회 헌장」 58항; 아리스티테 세라, 「가나에서의 마리아, 십자가 곁의 마리아」, 11-94쪽; 스테파노 데 피오레스, 「성서에 나타난 마리아」, 114-138쪽; 오라시오 보호르헤, 「복음사가들이 말하는 마리아의 모습」, 78-86쪽; 마르코 이반 루프니크, 「식별」, 70-82쪽 참조)

P. 35

17-A. 삼위일체 안에 깊이 존재하는 기쁨은 박해와 형벌을 받을 때에도 사라지지 않는다. "사도들은 그 이름으로 말미암아 모욕을 당할 수 있는 자격을 인정받았다고 기뻐하며, 최고 의회 앞에서 물러 나왔다."(사도

5,41) 이 기쁨은 인간적이건 초인적이건 모든 기쁨과는 비교할 수 없다. 이냐시오 성인은 이런 기쁨을 '영적 위로'라 했고, 이런 영적 상태는 성실한 마음으로 예수 그리스도의 나타나심을 기다리는 사람에게서 보인다. 매질을 당한 사도들이 그랬듯이 고난을 당할지라도 영적 위안은 우리 곁에 함께한다. 계시의 말씀을 충실히 받아들이는 사람에게는 십자가 위에 있게 될 때라도 위안의 한 부분인 깊은 평화가 부족하지 않을 것이다. (프란치스코 교황, 앞의 책, 174쪽 편집)

B. "성령의 열매인 참된 영적 기쁨은 인간 정신이 삼위일체 하느님을 믿음으로 알아 뵙고 사랑으로 모심으로써 만족을 얻고 안주할 때 얻어집니다."(교황 바오로 6세, 위의 책, 33쪽 인용)

C. 우리가 예수님의 사랑 안에 머물러 있으면 초월적 기쁨을 누리게 된다. 바오로 사도는 신자라면 모름지기 이 기쁨을 항상 누려야 한다고 말한다. "주님 안에서 늘 기뻐하십시오. 거듭 말합니다. 기뻐하십시오." (필리 4,4) 늘 기뻐할 수 있는 비결은 주님 안에 머물러 있는 것이다. 바오로 사도 자신이 늘 기뻐했던 사람이다. 그가 필리피에서 복음을 전하다가 무고를 당해 행정관리들 앞에 끌려갔을 때, 채찍으로 온몸을 두들겨 맞아 살점이 떨어져 나갔다. 그러고 나서 지하 감

옥에 갇혔는데, 그의 두 발에는 차꼬가 채워져 옴짝달싹 못하는 상태였다. 그런 상태에서 기뻐할 수 있었을까? 놀랍게도 바오로 사도는 기뻐했다. 주님 때문에, 복음 때문에 고난을 받았다는 사실로 인해 기뻐하고 있었다. 바오로 사도는 어떤 상황에서든지 주님 사랑 안에 머물러 있었기에 초월적 기쁨을 누릴 수 있었다.

(송봉모, 「용기를 내어라, 내가 세상을 이겼다 2」, 70-71쪽 편집)

D. 2001년 9월 11일 미국에서 비행기 테러 사건이 일어나 세계무역센터가 무너졌을 때, 수 천 명의 사람들이 붕괴되는 건물 속에 깔리거나 갇혀 죽었다. 죽기 전 긴박한 순간에 전화로 자신의 배우자나 부모 친지들에게 했던 말은 대다수가 '사랑한다'는 말이었다. 테러 사건이 있은 며칠 뒤 ABC 뉴스는 마이클이란 사람을 인터뷰했다. 그는 9월 11일 아침 세계무역센터에 출근했다가 돌아오지 않는 아내를 찾아 며칠 동안 파편 더미가 산처럼 쌓인 건물 잔해 주위를 서성거리고 있었다. 시신 식별 DNA 검사를 위해 아내의 칫솔을 소중하게 싸서 가져온 그는 인터뷰에서 눈물을 글썽이며 말했다. "그날 아침으로 되돌릴 수 있으면 얼마나 좋을까요. 아침에 서로 직장 가느라 바빠서 눈도 제대로 맞추지 못했는데, 그 사람의 눈을 한 번만 더 볼 수 있다면, 그 사람을 한 번만 더 안을 수 있다면, 한 번만 더 사랑한다고 말할 수 있으면…" 마이

클이 바라는 것은 너무나 평범하고 너무나 소박한 일상적인 것이었다. 실제 죽음 앞에서 또는 중병에 걸렸을 때, 우리가 정말 바라는 것은 지극히 평범하고 소박한 것, 그래서 건강할 때에는 단조롭고 무료하게 느끼는 일상이다. (송봉모, 「용기를 내어라, 내가 세상을 이겼다 1」, 119-120쪽 편집)

E. 하느님의 은총을 끌어당기는 태도 중에서 은총을 가장 강하게 끌어당기는 것은 '감사'이다. 감사하는 태도는 마음을 정화시켜 줄 뿐만 아니라 좌절과 슬픔, 집착과 고통, 불만족 등에 빠지는 것을 막아준다. 우리가 감사와 은총 안에 있을수록 하느님의 생명을 받아들이고 변모되고 더 클 수 있지만, 지속적인 불만족에 빠져 있다면 우리는 교묘하게 삶과 하느님의 선물에 마음의 문을 닫아버린다. 마음이 감사기도로 넘쳐날 때 더 이상 악의 자리는 없다. 곧 마음속에 원망과 고발, 악의와 질투가 자리할 곳은 없다.
(자크 필립, 앞의 책, 158-165쪽 편집)

P. 35

18-A. 그리스도인은 그리스도를 따름으로써 하느님의 나라, "정의와 사랑과 평화의 나라"가 다가오기를 재촉한다.(「가톨릭 교회 교리서」 2046항) 성령으로 충만할 때 우리는 하느님 나라를 지금 여기서 맛볼 수 있다.(루카

11,20) 참된 믿음 안에 있는 자는 이미 하느님 나라를 사는 것이다.(요한 5,24) 사랑 안에 있는 자는 이미 하느님 나라를 사는 자이다.(1요한 3,14)

B. 예수님은 하느님 나라를 우리 안에서 찾아내야 한다고 가르치셨다. 하느님 나라가 의인들의 영혼이기 때문이다. 정확히 표현한다면, 인간이 '하느님의 유일한 지성소'이다. (모리스 젱델, 「**감탄과 가난**」, 76쪽 편집)

P. 36

19. C.S. 루이스가 매우 분명하게 보았던 것처럼 배제해야 할 것은 예수님은 신이 아니라 실은 사람들에게 감화를 주는 윤리적 스승이었으며 훌륭한 종교 철학자였다고 하는 무미건조한 중간자적 입장이다. 오늘날 대다수의 신학자와 종교인들이 이런 입장을 취하고 있다. 하지만 복음서를 면밀히 읽어 보면, 그 안에서는 이런 해석을 전혀 찾아볼 수 없다. (로버트 배런, 앞의 책, 45쪽 편집)

20. '흠숭'adoration이라는 말의 어원인 라틴어 ado ratio는 'ad ora'(입을 향해)에서 나온 것이다. 흠숭한다는 것은 하느님과 입을 맞대고 있는 것이다. 곧 하느님의 생명 안에서 숨을 쉬면서 그 신적 원천에 자신을 맞추는 것이다. (위의 책, 60쪽 편집)

21. 이 세상에서 서로 경쟁하는 여타의 철학과 종교로부터 가톨리시즘catholicism을 구분 짓는 것은 '육화'Incarnation, 곧 하느님께서 사람이 되셨음이다. 예수님은 일관되게 이스라엘 가운데서 활동하시는 야훼 하느님으로서 말씀하시고 행동하셨다. 예수님은 진정한 윤리적 가르침들을 주셨고, 엄청난 열정으로 사람들을 가르치셨지만, 제자들의 일차적 관심이 자신의 말을 향하도록 이끌지 않으셨다. 오히려 예수님 자신에게 집중하도록 이끄셨다.(요한 1,39) 이렇게 예수님의 존재 자체에 몰두해야 하는 것은 예수님이 일관되게 하느님으로서 말씀하시고 행동하셨다는 놀라운 사실 때문이다. (위의 책, 18-88쪽 참조)

P. 37

22-A. 자신이 불만족스러울 때를 떠올려 보라. 대부분 사람들이 만들어 놓은 기준이나 자신이 만든 기준에 부합되지 못할 때가 아니던가. 그 기준은 하느님께서 만들어 놓은 게 아니라 자신이 만들었거나 세상이 만들어 놓은 것을 본인 스스로 받아들인 것이다. 시쳇말로 "기도는 얼마 동안 해야 한다. 침착해야 한다. 사회적 지위가 어느 정도 되어야 한다. 다이어트를 해야 한다. 매일 몇 킬로미터는 뛸 수 있어야 한다." 등. 이런 잣대에 휘둘리지 않고 자기 자신 안에서 참된 평화를 발견하면 최고의 만족을 누릴 수 있다. (안젤름 그륀,

앞의 책, 204-225쪽 참조)

B. 그리스도교 영성은 삶을 포용하고, 즐기고, 찬양하는, 그리고 다른 사람들에게 생명을 주는 생동감 있고 활력 넘치는 삶의 방식을 요청한다. 거룩하게 된다는 것은 "하느님의 영광을 위해" 충만히 사는 것을 의미한다. 예수님께서는 "나는 양들이 생명을 얻고 또 얻어 넘치게 하려고 왔다."(요한 10,10)라고 말씀하셨다. 저명한 가톨릭 신학자 조세프 골드부루너는 몇 년 전에 「**거룩함은 온전함이다**」 Holiness Is Wholeness라는 소책자를 발간했는데 이 제목이 모든 것을 말해 주고 있다. (토마스 그룸, 앞의 책, 462쪽 편집)

C. 성소는 단순히 일이나 직업, 경력이 아니라, 그 이상의 것과 관련되어 있다. 어쩌면 성소는 자신이 하는 실제 일과는 별 상관이 없을 수도 있다. 가장 내밀한 성소는 우리가 온전한 자기 자신의 모습을 이루는 것이다. 곧 하느님이 창조하시고 바라시는 모습대로 우리가 나아가는 것이다. 이렇듯 성화에 이르는 첫걸음은 자기 수용이다. 하느님이 만들어 놓으신 자신을 있는 그대로 바라볼 줄 아는 것, 나아가 있는 그대로의 자신을 스스로가 받아들이고 사랑하는 것이다. 이런 측면에서 볼 때 자기 수용의 첫 번째 장애물은 '그릇된 믿음'이다. 우리가 거룩해지거나 사회에 꼭 필요한 사

람이 되거나 행복해지려면, '다른 사람이 되어야 한다'는 그릇된 믿음 말이다. (제임스 마틴, 「모든 것 안에서 하느님 발견하기」, 760-765쪽 참조)

P. 37

23-A. "나는 여러분이 방해만 하지 않으면 내가 하느님을 위해 기꺼이 죽으러 간다고 모두에게 알렸습니다. 나의 간청입니다. 불필요한 호의를 나에게 베풀지 마십시오. 나를 맹수의 먹이가 되게 내버려 두십시오. 나는 그것을 통해 하느님께 갈 수 있습니다. 나는 하느님의 밀알입니다. 나는 맹수의 이에 갈려 그리스도의 깨끗한 빵이 될 것입니다."(안티오키아의 성 이냐시오) 이냐시오 성인의 고백이 우리 자신들의 고백이 되었으면 좋겠다. 내일에 대한 막연한 불안과 고통이라는 '맹수의 이'에 갈려 그리스도의 깨끗한 빵이 되었으면!

B. 복자 앙트완느 슈브리에 신부님의 사제상을 그린 벽화 생퐁의 도표 : "가난하면 가난할수록 하느님의 영광을 더 나타내고 이웃에게 더 유익한 사람이 된다. 죽으면 죽을수록 생명을 더 가지게 되며 생명을 준다. 맛있는 빵이 되어야 한다." (이브 뮈세, 「앙트완느 슈브리에 제자와 사도의 길」, 436쪽 인용)

P. 38

24. 엘리야 예언자가 먹고 힘을 낸 '양식'에 대한 해석은 다양하다. (안소근, 「굽어 돌아가는 하느님의 길」, 83-85쪽 ; 안셀름 그륀, 「위기는 선물이다」, 59-61쪽 참조)

P. 39

25-A. 앤서니 드 멜로 신부가 쓴 이야기 : 소금인형 하나가 수천 킬로미터에 달하는 육지를 여행한 끝에 마침내 바다에 이르렀다. 소금인형은 바다를 보고는 완전히 매혹당하고 말았다. 이렇게 크고 기묘한 물 덩어리는 지금껏 보았던 그 어떤 것과도 전혀 달랐다. 소금인형이 바다에게 말을 걸었다. "당신은 누구십니까?" 바다가 미소를 지으며 대답했다. "들어와서 직접 확인해 보렴." 소금인형은 바닷물을 헤쳐 걸어가기 시작했다. 바닷속을 향해 나아갈수록 점점 녹아내리다 끝내는 아주 작은 알맹이 하나만 남게 되었다. 마지막 한 톨마저 녹아내리는 순간 소금인형은 경이감 속에서 외쳤다. "이제 내가 누구인지 알겠어." (제임스 마틴, 앞의 책, 779쪽 인용) 결국 우리는 하느님 안에서 우리의 정체성을 발견하게 된다.

B. 함마르셸드의 고백 : "믿음을 갖게 된 그 날 내 삶에 의미가 생겼고 세상만사가 이해되었다." (송봉모, 「예수 새 시대를 여심」, 320쪽 인용)

고통의 신비

P. 42

26-A. "예수님께서는 아드님이시지만 고난을 겪으심으로써 순종을 배우셨습니다. 그리고 완전하게 되신 뒤에는 당신께 순종하는 모든 이에게 영원한 구원의 근원이 되셨습니다."(히브 5,8-9) 아버지에 대한 순종으로 죽음을 꺾는 승리 곧 '죽음을 이기는 믿음'에 대해서는 안소근의 「**굽어 돌아가는 하느님의 길**」 201-208쪽을 참조할 것.

B. 나의 타고난 성향을 포기하고 선택한 사제생활이었기에 나의 사제생활 전반의 묵상 주제는 '순명'이 되었다. 나에게 순명은 죽음에 대한 공포조차 굴복시키고 승리(부활의 기쁨)를 맛보게 한 무기였고 내 믿음의 정수였다. 그래서 서품 제의 앞면에도 '순'順을 새겨넣었다. 그런데 그렇게 '순'을 추구했음에도 불구하고 도무지 익숙해지지 않는 것이 '순'이었고, 그렇기에 더욱 묵상한 것도 '순'이었다. 사제로 살아가는 한, 아니 신앙인으로 존재하는 한, '순'을 떠난 삶은 생각할 수 없을 것 같다.

P. 43

27. 사도적 사명은 하느님의 아드님의 사명에 온전히 참여하는 것이다. 예수님이 아버지께 부름 받아 순명하심으로써 십자가 위에서 희생되셨기에, 주님으로 선포된 그리스도와 똑같은 부름을 받은 모든 사람의 삶은 박해와 죽음에 대한 예고와 위로의 약속 사이에서 느끼는 긴장에서 자유로울 수 없다. 사명은 예수 그리스도께서 달리신 십자가 위에 우리를 올려놓는다. "세상이 너희를 미워하거든 너희보다 먼저 나를 미워하였다는 것을 알아라."(요한 15,18) 그러므로 우리는 '오직 한 가지 결심'을 굳히게 된다. 곧 혼신의 힘을 다해 어떻게든 십자가에서 내려오지 않는 것이다. 내 안에 그리스도가 형성되게 하는 것이다.(필리 2,5-8)

(프란치스코 교황, 앞의 책, 81-83쪽 편집)

P. 44

28-A. 리처드 모어, 「**벌거벗은 지금**」, 162-169쪽 참조.

B. 사도 바오로는 그리스도의 사랑 때문에 모든 것을 견디어 냈다. 그는 영예를 찾는 우리의 열성보다 더 큰 열성을 가지고 복음을 전하며 견디어 내야 하는 반대와 모욕을 달려가 찾았다. 그가 두려워하고 무서워한 것은 다음 한 가지, 즉 하느님의 마음을 상하게 하는 일이었다. (성 바오로 사도 회심 축일 성무일도 제2독서: 성

요한 크리소스토모 주교의 강론 편집)

P. 45

29. 정결(貞潔. Chastity)은 '때 묻지 않음'이라는 뜻과도 관련이 없고, 어떤 '원초적 상태'로 돌아가자는 의미도 담고 있지 않다. 정결은 우리가 태어날 때 가지고 있었으나 나중에 잃어버린 무언가가 아니다. 그것은 부정적인 생각을 털어버리고 오직 선한 것만 포용하는 데 온 힘을 쏟은 사람이 어렵게 얻는 특질이다. 이른바 인간이 지닌 사랑의 역량이 이기적인 생각을 깨끗이 비우고 완전히 표출되는 때, 혹은 사랑의 역량이 최선에 이른 인간의 상태를 묘사하는 말이다. (크리스토퍼 제이미슨, 「**우리를 불행하게 하는 8가지 생각**」, 70-71쪽 편집)

30. 믿음은 "내가 사랑받고 있다는 것을 받아들이는 용기" The courage to accept the acceptance 이다.(Paul Tillich) 하느님 사랑의 손은 우리가 측량할 수도 없는 깊은 심연과 같다. 그 끝을 모르는 심연과 같은 것에, 그러한 깊고 깊은 하느님 사랑의 바다에 자기를 완전히 내맡기는 것이다. 하느님의 사랑을 믿는다는 것은 이처럼 하느님께 "완전히 투항"total surrender하는 것을 필요로 한다. (김수환 추기경 강연, 「**거룩한 경청**」, 66-68쪽 편집)

P. 46

31. 그리스 신화 '오레스테스와 퓨리스'가 용기의 덕과 책임감을 키우는 데 도움이 될 것이다. (M. 스캇 펙, 「아직도 가야 할 길」, 421-425쪽 참조)

32-A. 예수님은 비극적인 외부 상황들 때문에 끔찍한 죽음을 맞으신 게 아니었다. 그분은 "하느님께서 미리 정하신 계획에 따라"(사도 2,23) 사람들 손에 넘겨지셨다. 다시 말해, 죄와 죽음의 자녀였던 우리가 생명을 얻도록 하느님 아버지께서는 "죄를 모르시는 그분을 우리를 위해 죄로 만드셨던 것"(2코린 5,21)이다. 우리를 죽음에서 구하시기 위해 하느님은 위험한 사명을 수행하셨다. 이 사명에 있어 성부와 성자는 떼어놓을 수 없는 동맹자들이었고, 인간을 사랑하는 마음 때문에 최악을 감수할 각오와 갈망으로 가득 차 있었다. 우리를 영원히 구원하기 위해 하느님은 교환을 원하셨다. 즉 하느님은 모든 면에서 우리와 하나가 되고 이 세상 끝까지, 아니 그것을 넘어서까지 우리를 사랑하시기 위해 우리의 죽을 운명과 절망, 고독과 죽음을 함께 겪고자 하셨다.

예수님의 죽음으로 인해 우리는 우리의 죽음을 그분의 생명과 맞바꿀 수 있게 된 것이다. 이 사명을 완수한 자리가 바로 십자가다. 십자가는 가장 극심한 굴

욕과 고립의 장소였다. 그 십자가를 통해 하느님은 인류의 가장 극심한 고통을 겪으셨다. 그 누구도 "하느님은 내가 겪고 있는 고통을 모르실 거야"라고 말할 수 없도록! 한 마디로, 십자가는 우리를 향한 하느님의 사랑을 극명하게 드러내는 자리다. 이것보다 더 분명하게 사랑을 드러낼 수 있는 방법이 있었을까. 하느님은 우주 전체를 껴안기 위해 지금도 십자가 위에서 두 팔을 벌리고 계신다. (오스트리아 주교회의, 「YOUCAT」, 98항. 101항 편집)

B. "우리는 그분의 영광을 보았다."(요한 1,14) 요한 공동체는 예수님의 십자가 수난에서 하느님의 외아드님의 영광을 보았다고 고백했다. 이 대목에서 표현한 '영광'을 가리키는 히브리어 **카보드**kabod는 성경에서 하느님의 본질인 '사랑이 충만할 때 드러나는 단어'다. 그분의 사랑이 충만히 드러난 자리는 다름 아닌 우리의 구원을 위해 당신의 외아들 예수님을 십자가에서 죽게 한 바로 그 자리였다. 그러므로 우리도 예수님의 십자가 수난에서 그분의 영광을 보고 그 영광에 동참하도록 하자. (송봉모, 「**우리는 그분의 영광을 보았다**」, 279쪽 편집)

C. 죄는 종종 두려움 때문에 생긴다. 죄인들은 단지 겁에 질린 사람들일 뿐! 나쁜 사람들은 거의 대부분 두

려움에 떠는 사람들이다. 죄 뒤에 도사리고 있는 진짜 나쁜 녀석은 두려움이다. 그 두려움의 실체는 죽음과 연결되어 있다. 악마는 우리가 혼자라고 느끼기를, 그리고 우리가 두려움 때문에 악하고 이기적인 행동을 그만 두지 못하게 만든다. 예수님은 우리를 너무나 사랑하신 나머지 고통받고 죽으면서, 죽음조차 두려워할 필요가 없음을 보여주셨다. (줄리 켈레멘, 「마흔 밤 남았네」, 67-70쪽 편집)

P. 47

33. 어린아이는 초기 양육자와 관계를 맺으면서 어떤 행동은 해도 되고 어떤 행동은 해서는 안 되는지 배워간다. 그 과정에서 자존감에 상처를 입은 아이들은 정당한 요구임에도 불구하고 자신의 욕구를 표현하지 못하고 부모가 원하는 모습대로 행동하고 부모를 기쁘게 하는 것에 집중한다. 원래의 욕구가 올라올 때마다 그것을 억누른다. 그 욕구는 표현해서는 안 되는 것이다. 그것을 표현했다가는 또다시 버림받게 될 테니까. 그렇게 살다 보면 자신이 원하는 게 무엇인지 잊어버린다. 부모를 기쁘게 하기 위해 무엇을 해야 하는지는 잘 아는데, 정작 자신이 원하는 게 뭔지 모른다. 사회가 원하는 모습이 어떤 것인지는 잘 아는데, 자신이 얼마나 아프고 외로운지는 못 느낀다.

살면서 문득문득 자기 본연의 모습대로 살고 싶은 욕

구가 치솟아 올라와도 용기가 나질 않고, 버림받음에 대한 두려움으로 그것을 외면하기 바쁘다. 이것이 얼마나 고통스럽겠는가. 본래의 자기 모습대로 살지 못하는 것이! 비록 사회적으로 성공했다 하더라도 그것은 본래의 자기 삶이 아니다. 자신이 인위적으로 만들어 낸 삶으로 호평을 받은 것이기에 더욱 자기 모습을 외면하게 된다.

본연의 자기 욕구와 모습이 드러났을 때 사람들에게 버림받을 것을 두려워하는 사람은 내면의 이 시선이 부담스럽기 짝이 없다. 그래서 이 시선을 외면할 매개체를 필요로 한다. 일, 쇼핑, TV 시청, 술, 약물, 게임, 도박 등. 이런 것들은 일시적으로는 기분 전환이 되지만 결과적으로는 해가 되는 것들인데 이런 것에 빠져드는 것을 '강박증'이라고 한다. 현대사회는 강박증에 물들어 있는 것 같다. 만족을 모르고 더 많은 자극, 더 강한 흥분, 더 잦은 소비를 유발하니까 말이다.

이렇게 본연의 자신과 만남이 이루어지지 않으면 '자기 분화'가 안 되고, 자기 분화가 안 되면 엉뚱한 곳에서 화풀이하는 등 다른 사람을 인격체로 바라보지 않는다. 단지 승리를 위한, 재화 획득을 위한, 쾌락 해소를 위한 도구로 여길 뿐이다. 이런 태도 이면에는 자신의 약함을 거부하는 몸짓 곧 '수치심'이 자리 잡고 있다. 홀로 있을 때 자신을 사랑스럽게 바라볼 수 없는 사람은 상대방 또한 어떤 목적을 이루기 위한 수단으로밖에 여기지 않는다. 무엇보다도 자기 자신을 인격적으로 대하지 않기 때문이다. 이와 같은 인격의 사물화에서, 곧 '나와 그것'의 관계에서 온갖 잔인함이 표출된다. '나와 너'가 아닌 '나와 그것'의 관계이니까 함부로 다루어도 괜찮게 되는 것이다. (존 브래드쇼, 「가족」, 34-65쪽 참조)

P. 47

34. M. 스캇 펙, 앞의 책, 377쪽 인용

35-A. 그리스도를 따르는 이들은 죽음이 그리스도의 고통과 죽음에 참여하는 것이라고 믿는다. 물론 그리스도인들은 세례성사 안에서 상징적으로 죽고 다시 태어난다. 하지만 삶의 최후에서 실질적 죽어감은 상징을 넘어 현실로 이어진다. 죽어가는 이들은 그리스도처럼 육체적 고통과 정서적 번민을 감내한다. 곧 버림받음과 배반당함까지 느끼는 고통스러운 순간들을 겪는다. 그러나 그들은 그리스도께서 그러하셨던 것처럼 죽음의 고통과 절망을 딛고 일어나 하느님과 그분 계획의 선함에 대한 믿음을 재차 증언할 수 있기를 희망한다. 우리가 죽어가는 시간을 지난 생애의 확신

을 증언할 현세의 마지막 기회로 받아들인다면, 죽음
은 결코 우리에게 최종적 위세를 떨치지 못할 것이
다. 그리스도인들은 예수님의 모범을 따라 자기 이해를 심
화하고 하느님을 증언할 기회가 존재하는 자리로 자신
의 죽음을 바라볼 필요가 있다. 곧 삶의 마지막 시기
에까지 그리스도의 제자직에 항구히 정진해야 한다.
이런 의미에서 죽음은 삶의 일부분이 되어야 한다. 죽
음은 결코 하느님의 현존과 멀어진 채 의미가 결여된
시간이 아니다. 우리는 죽음을 하느님의 사랑을 증언
할 기회로 삼을 수 있다. 우리의 죽음은 다른 이들에
게 '위대한 선물'이 될 수 있다. (케리 월터스, 「아름답게
사는 기술」, 43-45쪽 편집)

B. 미주 54-A. 55-B 참조.

영광의 신비

P. 50

36. 오늘날 많은 학자들이 예수님의 부활을 신화나 전
설, 상징이나 표징 등으로 설명한다. 그러나 이런 종
류의 추정은 그저 잡담 수준에 지나지 않는다. 1세기
의 세계에서 이런 식의 이야기가 설득력이 있다고 생
각하는 사람은 거의 없었기 때문이다. "예수라는 훌륭
한 인물이 있었는데, 그는 하느님의 현존입니다! 아쉽

게도 이미 죽었지만..." 이런 메시지를 가지고서 바오로 사도가 코린토나 아테네 또는 필리피의 사람들을 설득하기 위해 노력했다면 어땠을까? 과연 사람들은 그를 진지하게 받아들일 수 있었을까? 이 모든 고대 도시에서 바오로 사도가 선언했던 것은 바로 '부활'이었다. 바오로 사도와 그의 동료들이 지중해 세계 전역으로 여행을 떠날 수 있었던 것은 죽었던 사람이 성령의 권능을 통하여 부활했다는 충격적이고 진기한 사실 때문이었다. (로버트 배런, 앞의 책, 82쪽 편집)

37-A. 천국에 들어가는 것은 내일이나 모레, 혹은 10년 후의 일이 아니다. 우리가 십자가에 못 박히는 바로 그 시간에 천국에 들어간다. (김수환, 「너희와 모든 이를 위하여」, 85쪽 편집)

B. 탄원, 청원, 감사는 필요하다. 그럼에도 경배에서 우리는 한층 더 깊은 데까지 이른다. 온전히 아무 의도 없이, 자기 자신을 잊고 오로지 다만 '경배하기'때문이다. 경배에서는 오직 하느님만을 바라본다. 모든 것이 가라앉고, 하느님의 영광만이 전부가 된다. 그것은 기적이다. 하느님께서 당신의 영을 우리 마음속에 심어주시고, 우리가 당신을 찬미할 수 있도록 우리를 매혹시키심으로써만 그것이 가능하기 때문이다. 경배의 시작에서 우리는 이미 지금 하느님 가까이에

존재한다. 여기서는 시간과 영원 사이의 경계가 사라진다. 경배의 시간 속에서 이미 지금 영원이 시작된다. 세상에서 벗어나지 않으면서도 세상을 향해 온전히 열려 있는 영원히! (게르하르트 로핑크, 「**죽음 부활 영원한 생명 바로알기**」, 371-372쪽 편집)

C. 김용규 「**서양문명을 읽는 코드, 신**」, "탈시간화 기법"(150-151쪽), "시간 밖의 시간"(317-320쪽), "존재물의 시간과 존재의 시간"(336-339쪽) 참조.

P. 51
38. 송봉모, 「**생명의 빛이 가슴 가득히**」, 254쪽. 264쪽 편집.

P. 52
39-A. 헨리 나웬, 「**열린 손으로**」, 64-74쪽 참조.

B. 우연히 일어나는 많은 사건은 우리의 계획을 방해하는 장애물들이 아니라 우리 마음을 가다듬어 오시는 하느님을 잘 맞이할 수 있게끔 준비시켜 주는 도구들이다. 희망을 품고 있으면 아픈 상처는 깊은 이해를 북돋워 주는 기회로 승화될 수 있다. 마치 암 환자가 그의 병을 정면으로 받아들임으로써 고통을 이웃을 위한 치유의 계기로 승화시키듯, 전에는 결코 알지 못

했던 새로운 차원의 삶을 발견하는 계기로 삼듯이 말이다. 희망을 품고 살면 이렇듯 슬픔을 기쁨의 재료로 바꿀 수 있다. 기쁨이란 다름 아닌 희망의 열매다. 희망이야말로 삶에 새로운 기쁨을 가져다준다. (H. 뉴엔, 「**고독**」, 49-57쪽 편집)

P. 52
40. 초 세기 그리스도인들이 이교도들에게 받았던 평가. 사도행전 5장 41절 참조.

P. 53
41. 너의 희망을 잡다한 소원들과 혼동하지 말라. 성공이나 치유 같은 것들은 '소원'이지 '희망'이 아니다. 사랑은 죽지 않는다. 사랑에 속하는 것은 아무것도 소멸하지 않는다. 희망의 정점은 희망이 사라졌다고 느껴지는 순간에 희망하는 것이다. 희망은 한계가 없다. 희망은 한계가 없는 사랑에서 비롯되며, 그 사랑을 향해 열려 있기 때문이다. (동방교회 수도자, 「**길 떠나는 사람**」, 32-37쪽 편집)

42. 김수환 추기경 강연, 「**거룩한 경청**」, 97쪽. 100-101쪽 편집

P. 54

43. 예수님을 닮고 싶은 마음을 조금 달리 표현하면, 그것은 하느님의 사랑이다. 우리의 순수한 열망은 원죄로 말미암아 무질서하게 변해 버렸고, 우리는 그 무질서함을 통해 많은 오류에 빠지게 되었다. 우리는 청원기도를 통해 우리의 열망이 정화되기를, 그리고 우리를 자유롭게 하는 하느님의 사랑을 품을 수 있기를, 곧 예수님과 하나 되기를 간절히 청해야 한다. (김상용, 「거울에 비친 모습처럼」, 29-30쪽 편집) 이것이 우리가 품을 희망의 내용이다. 다시 말해, 우리가 품을 희망의 내용은 '하느님과 하나 됨'이다. '망덕송'이 우리의 희망을 점검하는 데 도움을 줄 것이다.

P. 55

44. 성령의 열매 중에서 사랑·기쁨·평화는 하느님과 관계 맺음으로 인해 얻게 되는 열매이고, 인내·친절·선행은 이웃과 관계 맺음으로 인해 얻게 되는 열매이며, 진실·온유·절제는 자기 자신과 관계 맺음으로 인해 얻게 되는 열매이다.

P. 56

45-A. 예수님이 돌아가시면서 우리에게 약속하신 가장 대표적인 것이 파라클레토스 성령이라면, 유산으로 남겨 주신 것은 평화다. 예수님이 유산으로 주신 이

평화는 예수님 자신이 세상살이에서 누리셨던 평화다. 그 평화는 유다 지도자들과의 갈등과 박해 속에서 엄청난 스트레스를 받을 때에도 누리셨던 것이요, 상처받고 신음하는 이들에 둘러싸여 몸과 마음이 몹시 지쳤을 때에도 누리셨던 것이며, 제자들의 이기적인 모습과 약한 믿음 앞에서 실망을 금치 못했을 때에도 누리셨던 것이다.

예수님이 주시는 평화는 세상이 주는 평화와는 질적으로 다르다. 세상이 주는 평화는 일시적이고 제한적인 것이다. 세상이 주는 평화는 때로 무력을 통해서 주어지기도 한다. 어떤 이들은 재물이나 지위를 통해서 평화를 누릴 수 있다고 생각한다. 그런 식의 평화는 인간적 이해관계에서 일시적으로 느끼는 안정감일 뿐, 참된 의미의 평화는 아니다. 안전과 평화는 다르다. 우리가 하느님을 숭배하고 주님의 뜻을 찾을 때, 우리는 안전하지 않더라도 평화로울 수 있다. 예수님이 주시는 평화는 어떤 곤란과 어려움 속에서도 누리는 평화다. 그 평화는 단순히 갈등이나 다툼이 사라지고 곤란이나 위험이 사라진 상태를 가리키는 것이 아니다. 오히려 무서운 전쟁의 풍파 속에서도 누리는 평화다.
(송봉모, 「**용기를 내어라, 내가 세상을 이겼다 1**」, 306-313쪽 편집)

B. 부활은 죽음에 대한 인류의 마지막 의혹과 두려움

을 제거해 준 구원의 기쁜 소식이다. 부활의 평화는 인간이 가장 두려워하는 생명의 소멸, 죽음, 종말을 조금도 두려워할 필요가 없음을 깨닫게 된 데서 비롯되는 것이다. (월터 취제크, 「**나를 이끄시는 분**」, 246-247쪽 편집)

P. 56

46. 마태오 복음서에 직업이 언급된 사도는 단 한 명, 세리 마태오이다. 그것은 지극히 의도적이다. 마태오 사도가 굳이 자기 복음에 자기 직업을 소개했던 것은, 예수님이 자신을 제자로 뽑은 것이 복음 운동의 본질을 보여준 사건으로 보았기 때문이다. 복음 운동의 본질은 세리가 당시 사람들에게 어떤 평가를 받던 사람이었는지를 보면 알 수 있다. 세리는 존재 자체가 죄스럽기 때문에 법정에 설 자격도 없었고, 유다인들 사이에서 살인자와 강도같이 취급당했던 인물이었다. 예수님은 그런 세리를 제자로 부름으로써 당신이 이 세상에 오신 목적을 분명히 밝히셨다. "나는 의인이 아니라 죄인을 부르러 왔다."(마태 9,13) 마태오는 히브리어로 '주님의 선물'이란 뜻이다. 예수님은 세리도 당신의 제자가 될 수 있음을 알림으로써 복음 운동이 용서를 선포하는 운동임을 분명하게 밝히신 것이다. 우리가 성령을 통해 할 일도 '용서'라고 생각한다. (송봉모, 「**예수 새 시대를 여심**」, 294-297쪽 편집)

P. 57

47-A. 복음 운동의 정신이 용서라면 우리 인생의 종착역 또한 '용서'가 되어야 하지 않을까. 불완전한 나와 너를 있는 그대로 존재하도록 허락하는 것, 불완전함 속에서도 평화롭게 지내는 법을 익히는 것.

B. 우리는 '유다인 수용소에서 발견된 쪽지'에서 용서의 참된 모습을 발견할 수 있다. "주여, 선의를 가진 사람들뿐 아니라 악의를 품은 사람들도 기억하소서. 그들이 저희에게 준 고통만을 기억하지 마시고 그 고통을 통해 성장한 저희 마음의 위대함도 기억하소서. 우리가 서로 믿고 의지하며 친절을 베풀고 스스로를 낮추며 용기를 잃지 않은 것은 이 고통으로 맺게 된 열매입니다. 그리하여 저희에게 고통을 준 그들의 마지막 심판 날에 저희가 맺은 이 모든 열매가 그들을 위한 용서의 제물이 되게 하소서." (**월간독자 Reader**」 2015년 3월호, 61쪽 인용)

P. 58

48. 마리아의 승천에 대한 가르침은 예수님의 최고 수제자인 마리아가 얻은 완전한 구원을 지칭하는 것이다. 곧 마리아는 그녀 자신의 인격을 온전히 지닌 채 하느님의 현존 안으로 들어갔다. 사도 신경의 끝부분에서 우리는 '육신의 부활'에 대한 희망을 말하는데, 육체와

영혼이 모두 하늘로 들어 올려진 마리아가 경험한 것은 분명히 이와 같은 부활이었다. 그러하기에 마리아는 '모든 인류를 위한 희망의 표징'(「교회 헌장」 68항 참조)이 되는 것이다.

성모 승천에 대해 말할 때, 마치 마리아가 하늘 위로 올라간 것처럼 공간을 통한 여행을 떠올려서는 안 된다. '하늘'은 우리에게 익숙한 시간과 공간의 차원을 넘어선 실존 방식, 곧 초월에 대한 풍부하고 일관된 성경적 상징이기 때문이다. 마리아의 승천이 지닌 의미는 성모님의 온 존재가 이 세상의 차원에서 더욱 높은 차원으로 곧 우리가 '하늘'이라는 상징적 용어로 표현하는 그 차원으로 '넘겨졌음'을 의미한다. (로버트 배런, 앞의 책, 214-217쪽 편집)

49. 지향을 넣고 묵주기도 하는 방법은 묵주기도와 기도 지향(본문 85-89쪽)을 참조.

P. 59
50. 「**가톨릭 교회 교리서**」 64항. 144항. 148-149항. 487항. 494항. 829항. 963-972항. 2030항. 2675-2679항. 2708항; 「**교회 헌장**」 56항. 65항. 68-69항; "마리아론", 「**한국가톨릭대사전**」 제4권, 2389-2397쪽 참조.

51-A. 마리아는 하느님께 대한 인류의 갈망을 온전한 목소리로 드러내는 인물이다. 곧 마리아는 교회라는 '새로운 이스라엘의 원형'이다. (발터 카스퍼, 「**발터 카스퍼 추기경의 자비**」, 365-372쪽; 로버트 배런, 앞의 책, 27쪽 참조)

B. 하느님의 말씀이 육화하려면 '마리아의 모태'가 필요하다. 마리아처럼 믿음 속에서 하느님의 말씀을 받아들임이! 마리아의 순명을 통해 하느님은 이 세상에 오실 수 있었고, 하느님을 통해 그녀는 '새로운 하와'가 되었다.

P. 60

52-A. 성모님이 우리에게 권고하는 것은 하나밖에 없다. 우리가 언제나 당신의 아드님과 사랑으로 연결되어 있어야 '우리 자신의 집'에서 용감히 나와 세상 끝까지 구세주를 선포할 수 있다는 진실이다.

B. 무슨 일이 있더라도 결코 나에 대한 기대를 저버리지 않는 분들이 계신다. 그분들은 삼위일체이신 하느님과 하늘 엄마(성모님), 그리고 나의 수호천사이다. 자신이 한없이 초라하게 느껴질 때, 이 진실을 되새겨 보자.

P. 61

53. 우리가 항구하게 추구해야 할 '선'善이란 행해야 할 어떤 일이 아니라 사랑해야 할 어떤 분이다. 곧 참되고 순수한 사랑이신 **Abba 하느님**이시다. 예수님은 우리가 '혼인의 세계'(2코린 11,2)로 들어오기를 바라고 계신다. (모리스 젱델, 앞의 책, 96-97쪽 참조)

54-A. 하느님의 영원성 안에서 미래란 장차 일어날지 안 일어날지 모르는 어떤 시간적 과정이 아니라 어린이가 점차 자라나듯이 영원한 신의 의지가 인간의 시간인 역사로 순차적으로 "침입해 들어옴"(Adventus)일 뿐이다.

플로티누스에게 영원은 신의 마음이 사는 삶이고, 시간은 인간의 마음이 사는 삶이다. 하나는 한결같이 머무르고 다른 하나는 끊임없이 흘러가지만 둘 다 '마음의 삶'이라는 점에서 같다. 그래서 인간의 마음은 부단히 신의 마음을 닮으려 하고, 시간 역시 꾸준한 집념으로 영원을 닮으려 한다. 그렇게 함으로써 시간은 결국 인간이 신에게 다가가도록 하는데, 그러다가 마침내 우리의 마음이 신에게 이르면 그때는 시간이 더는 존재하지 않는다. 그렇다면 시간의 끝에는 '영원'(신, 구원)이 있는 것이다.

이런 의미에서 시간은 불완전한 존재가 완전해지는 가능성이자 과정이다. 곧 시간은 모든 불완전한 존재가 완전한 존재인 신에게 가는 문이자 통로이다. 이것이 플로티노스가 찾아낸 '시간의 아름다운 얼굴'이다. 눈물과 땀에 젖은 우리의 삶, 곧 우리의 고달픈 시간의 끝에 허무(악마, 몰락)가 기다리는 것이 아니라 영원(신, 구원)이 있다는 것, 이보다 더 큰 위안이 어디 있겠는가. (김용규, 「서양문명을 읽은 코드, 신」, 321쪽. 330쪽 편집)

B. 루돌프 옷또는 그것을 '두렵고 떨리는 신비'라 했고, 혹자는 '잿더미를 뒤집어 쓴 절망스런 인생에서 왕처럼 화려한 관을 쓰고 당당하게 서서 꿈과 희망을 선포하는 존귀한 인생으로의 역전'이라고 표현했지만, 그런 표현들은 어디까지나 우리가 장차 누리게 될 영광의 한 조각을 표현한 것일 뿐, 삼위일체이신 하느님과 하나 된 충만함을 어떻게 표현할 수 있겠는가. 시메온 예언자가 아기 예수님을 손에 들고 하느님께 찬미드린 장면이나, 예수님의 거룩한 변모나, 묵시록에 등장한 '새 하늘 새 땅'이나, 이사야 예언자와 에제키엘 예언자의 환시 등을 통해 우리를 위해 마련해 주신 세상을 추측해 볼 수 있을 뿐이다.

P. 62
55-A. 인내와 끈기는 사랑의 특성이고, 그것은 희망에서

비롯한다. 하느님 나라는 갑자기 이루어지는 법이 없고, 그리스도께서 다시 오시는 그날에 가서야 완전하게 실현됨으로 그때까지는 역사의 흐름 속에서 꾸준히 이루어져야 한다. (프란치스코 교황, 앞의 책, 107쪽 편집)

B. 견뎌냄은 행복한 죽음을 맞기 위한 다섯 번째 원칙이기도 하다. 우리가 세속적 가치를 추구하지 않고, 덕을 행하려는 간절한 열망을 품으며, 자기 쇄신과 회개에 충실하고, 순명할 준비가 되어 있으며, 그리스도의 사랑을 실천하기 위하여 고난을 견디면 우리는 '행복한 죽음'을 맞이할 수 있다. (윤학. 흰 물결 아트센터 대표)

제3장 기도 지향들의 역동성

P. 72

56-A. 고통과 죽음의 의미를 다룬 자료는 무척 많다. 나에게 의미 있었던 자료 몇 가지를 소개한다. "제 어두움은 결국 쓰다듬으려고 쭉 내민 주님의 손그림자였단 말입니까?"(로버트 왈드론, 「나를 뒤쫓는 하늘의 사냥개」, 181쪽 참조) "고통은 인간 본래의 소명을 회복시키는 여정에 나침반과도 같은 역할을 하므로 사랑의 또 다른 이름이 고통이라고 말할 수 있다."

(김혜숙,「그대, 나의 얼굴」, 58-59쪽 참조)

"자신을 위해서나 타인을 위해서나 언제나 고통 속에 하느님의 사랑이 승리한다는 것을 믿어야 한다. 고통이란 어떤 것이든 다 하나의 은총이라는 것을 믿을 수만 있다면, 고통에 대한 의식은 예수님께서 매우 가까이 계신다는 의식이 된다. 하느님의 사랑은 어느 때보다도 불행한 때에 더욱 절박하고 더욱 포섭적이다."
(쉰네스 추기경,「복음을 전하는 사람들」, 238-239쪽 참조)

B. "온갖 형태의 인간 고통이 그 자체 안에 구원과 영광에 대한 하느님을 담고 있다."(교황 요한 바오로 2세 성인) "우리의 고통은 우리 자신의 개인적 관심사를 훨씬 초월한 하나의 목적을 이룬다."(케리 월터스, 앞의 책, 248쪽 참조) "고난이란 신이 사랑하는 자에게 더 좋은 것을 주기 위해 먼저 내리는 고통과 불행이다. 그리고 오직 이런 의미에서만 신이 인간에게 악을 허락한다."
(김용규,「백만장자의 마지막 질문」, 172쪽 참조)

C. "어린애의 젖을 떼야만 할 때 어머니는 자신의 유방을 검게 물들인다. 어린애에게 젖을 먹여서는 안 될 때 어린애가 유방에다 미련을 갖게 하는 것은 잔인한 짓이다. 유방을 검게 물들여 놓으면 어린애는 그 유방이 달라졌다고 믿는다. 그러나 어머니는 여전히 어머니고 어머니의 눈길은 여전히 인자하고 부드럽다."

(키르케고르) "때로는 고난 자체가 가장 큰 축복이 될 수 있습니다. 고난이 아니면 절대 가질 수 없는 보물이 있기 때문입니다."(이지선, 「**지선아 사랑해**」, 302쪽 참조) 고통의 문제에 있어서 차동엽 신부의 접근 방법.
(차동엽, 「**잊혀진 질문**」, 27-40쪽 참조)

D. '대속'(代贖) 개념을 올바로 이해할 때 고통의 문제를 새롭게 인식할 수 있다. "나는 여러분을 위하여 고난을 겪으며 기뻐합니다. 그리스도의 환난에서 모자란 부분을 내가 이렇게 그분의 몸인 교회를 위하여 내 육신으로 채우고 있습니다."(콜로 1,24) "다른 이들을 위하여 애쓰고 다른 이들을 대신한다는 영성은, 오늘날 세속화된 세상의 한가운데에 있는 많은 공동체들이 자기중심적 태도를 깰 수 있으며, 오늘과 내일을 위한 영적인 이정표가 될 수 있습니다."(발터 카스퍼, 앞의 책, 283쪽 인용; 137-144쪽, 275-277쪽 참조)

E. 결코 현세가 전부가 아니며, 또 죽음이 인생의 끝은 아니다. 분명한 것은 하느님께서 계시를 통해서 약속하신 새로운 생명, 그리스도와 함께 누리는 부활의 새 생명은 죽음 뒤에 있다. 그러므로 죽음은 우리에게 부활의 새 생명, 새로운 세계를 열어주는 문이 되는 것이다. "어떠한 눈도 본 적이 없고 어떠한 귀도 들은 적이 없으며 사람의 마음에도 떠오른 적이 없는 것들

을 하느님께서는 당신을 사랑하는 이들을 위하여 마련해 두셨다."(1코린 2,9) 죽음은 바로 그 선물을 받는 순간이다. 아름답게 포장된 그 선물 보따리를 푸는 순간이 죽음인 것이다.

(김수환 추기경 강연, 앞의 책, 163-164쪽 편집)

P. 73

57. 하느님께 영광을 돌리는 것은 행복한 삶을 위한 일종의 공식이다. 그분이 우리 삶에서 최고의 가치가 될 때, 우리 삶은 그분의 사랑을 중심으로 질서 있게 조화를 이룬다. 돈·권력·쾌락이 아닌 하느님을 향해 가장 높은 영광을 돌릴 때, 평화 또한 우리 가운데에서 만개한다. 다시 말해, 하느님의 사랑이 우리 욕망의 중심이 되면 그 밖의 모든 것은 그 주변에 제 자리를 잡을 것이다. 이것이 바로 "너희는 먼저 하느님 나라와 그분의 의로움을 찾아라. 그러면 이 모든 것도 곁들여 받게 될 것이다."(마태 6,33)라고 예수님이 말씀하신 까닭이다. (로버트 배런, 앞의 책, 100쪽. 345쪽 편집)

P. 75

58. 유다인들이 부르는 하느님의 이름에는 실로 놀라운 계시가 담겨 있다. 거기엔 우리 영성의 본질과 숱한 우상숭배와 터무니없는 교만에서 우리를 해방시켜 줄 심오한 가르침이 있다. 하느님의 이름은 히브리

어로는 신성한 자음 YHWH(야훼)이다. 유다인들에게 그것은 발음이 불가능한 이름이었다. 그것은 입술과 혀로 발음되는 이름이 아니라 코로 '숨 쉬어지는' breathed 이름인 것이다.

우리가 살아있으면서 매 순간 하는 일이 하느님의 이름을 부르는 것이고, 세상에 태어나면서 맨 처음 한 일도 그분의 이름을 부르는 것이었으며, 세상을 떠나면서 마지막으로 할 일 또한 그분의 이름을 부르는 것이다. 호흡에는 유다교식, 그리스도교식, 불교식 호흡이 없다. 가난뱅이 호흡도 없고 부자 호흡도 없다. 하느님의 바람은 어디든지 "불고 싶은 대로"(요한 3,8) 부는데, 가지 않는 곳이 없다. 하느님은 우리가 끊임없이 하고 있는 호흡처럼, 가까이 있는 존재다.

"네 숨과 함께 있으면서 숨에 마음을 모아라." 그 숨은 하느님께서 아담의 코에 불어 넣으신 바로 그 숨이고, 예수님께서 십자가에 달려 마지막으로 거둔 바로 그 숨이며, 부활하신 다음 제자들을 향하여 평화와 용서와 성령으로 내쉬신 바로 그 숨이다. 그 숨은 정확하게 '없는 것'이면서 동시에 '모든 것'이다.

우리는 모든 인간과 살아있는 것들에 연결되어 있다. 과학자들도 우리에게 말해 준다. 지금 우리 코를 드

나드는 원자 알맹이들은 물리적으로 빅뱅에서 발생한 바로 그 원자 알맹이라고. '하나임'은 더 이상 신비주의적 관념이 아니라 과학적 사실이다. (리처드 로어, 앞의 책, 29-31쪽 편집)

P. 76

59. 성인聖人이란 어떤 사람일까? 성인은 자신의 배에 예수님이 오르시도록 허락한 사람이다. 그로 인해 초인이나 천사처럼 변한 것이 아니라 하느님의 뜻대로 활기차게 살아 있는 완전한 인간이 된 사람이다. 교회의 목적은 오로지 이런 성인들을 길러내는 것이다. 하느님은 절대적으로 강렬한 하얀 빛으로 생각할 수 있다. 그 빛은 창조물에 굴절되어 무한히 다양한 색깔들을 반영한다. 성인들은 제각기 특유의 방법으로 하느님의 고유한 측면들을 반영해 주는 사람들이다. 따라서 우리는 성인들을 통해 하느님을 더욱 풍요롭게 이해할 수 있다. 그렇기에 교회의 삶에서 성인들의 존재가 중요하다. (로버트 배런, 앞의 책, 380-382쪽 편집)

P. 77

60-A. '죄'의 정의 및 영향은 미주 15-A.B.C.D.E.를 참조할 것.

B. "주님, 저희는 모두 얼굴에 부끄러움만 가득합니

다. 저희가 당신께 죄를 지었기 때문입니다. 주 저희 하느님께서는 자비하시고 용서를 베푸시는 분이십니다. 그러나 저희는 주님께 거역하였습니다. 주 저희 하느님의 말씀을 듣지 않고, 당신의 종 예언자들을 통하여 저희 앞에 내놓으신 법에 따라 걷지 않았습니다."(다니 9,8-10) 이스라엘이 '다니엘의 기도'를 올리게 되기까지 얼마나 많은 시간이 필요했는지 모른다. 예루살렘이 완전히 파괴되고 다윗 왕조가 무너진 뒤에도 한참 더 많은 시간이 흘러야만 했다. 완전한 파멸을 겪기 전에는 아무리 잘못을 일러주어도 이스라엘은 결코 깨닫지 못했다. 율법도 있었고 예언자들도 있었다. 그러나 내가 옳고 하느님께서는 당연히 나의 권리를 인정해 주셔야 한다고 주장하는 한, 누구의 말도 소용없었다. 이스라엘은 멸망을 겪고 나서야 비로소 하느님의 의로움과 그분의 자비를 깨달았다. 하느님과 나의 관계가 끊어지지 않고 유지되는 것이 바로 나의 공로 때문이 아니라 언제나 내 손을 놓지 않으시는 하느님의 은총임을 터득하게 되었다.

이런 이스라엘의 역사는, 아무에게서도 책잡힐 데 없이 살고 싶고 하느님께도 신세를 지고 싶지 않은 우리의 교만을 여지없이 무너뜨린다. 이런 태도로는 결코 하느님을 만날 수 없다. 이 당연한 사실을 인정하기 싫은 우리의 자존심이 끊임없이 우리 앞에 거짓

된 우리의 모습을 세워 놓기에, 우리는 무수히 넘어진 뒤에야 비로소 자비가 필요하다는 점을 깨닫게 된다. 새로운 모습으로 일어서려면 가장 먼저 자신의 가난을 받아들여야 한다. (「매일미사」 2015년 사순 제2주간 월요일 묵상 글 편집)

P. 77

61-A. 인생이란 사람들을 위해 제대로 된 죽음을 준비하는 오랜 준비 여행이다. 아이에서 노인으로 인생을 거치는 동안 우리는 자신을 선택할지, 다른 사람들을 선택할지를 결정할 새로운 기회를 만난다. 권력을 추구할 것인지, 사람들을 섬기는 자리로 내려갈 것인지? 사람들 눈에 잘 띄도록 자신을 드러낼 것인지, 숨어 있을 것인지? 성공적 경력을 쌓고자 노력할 것인지, 조용히 주어진 일을 할 것인지? 삶을 이어가는 동안 우리는 끊임없이 이런 물음 앞에서 어려운 선택을 해야 한다. 이런 뜻에서 인생이란 자신에게 죽어가는, 그리하여 하느님의 기쁨 안에 살며 자신의 생명을 온전히 사람들에게 내어주는 오랜 여정이라고 말할 수 있다. (마이클 포드 엮음, 「헨리 나웬의 살며 춤추며」, 198-199쪽 편집)

B. '외로움'에서 '홀로 있기'로 옮겨 가는 것은 모든 영성생활의 시작이다. 그것은 쉬지 못하는 불안에서

쉴 줄 아는 평안으로, 밖에 있는 것을 잡으려는 욕망에서 안에 있는 것을 잡으려는 갈망으로, 두려움으로 가득 찬 집착에서 아무것도 겁내지 않는 놀이로 옮겨 가는 것이다. (위의 책, 107쪽 편집)

P. 78

62. 빛의 신비 2단(미주 17-A.B.C.)과 영광의 신비 2단(미주 40) 참조.

나가며

P. 80

63-A. 성숙한 사람은 자기 안팎을 둘러싼 환경과 그것이 만들어내는 생각에 휘둘리지 않는다. 다만 자신을 감동시키는 것에 마음을 기꺼이 내어주며, 그러느라 일어나는 모든 긴장과 여러 가지 감정의 변화를 겸허히 견뎌낸다. 이렇게 행동할 수 있는 힘은 분별력과 그리스도의 고난에 동참하는 기쁨에 있다. (프란치스코 교황, 앞의 책, 219쪽 편집)

B. 19세기 영국의 시인 헨리는 열두 살 때 결핵성 골수염에 걸려 고생하다가 스물다섯 살 때 한쪽 다리를 절단하게 된다. 그는 자기 운명을 한탄하며 생을 포기할 수도 있었을 것이다. 그러나 그는 하느님을 원

망하기보다 오히려 고통에 굴복하지 않는 영혼을 주신 것에 감사하며 더 힘차게 살기로 결심한다. 그리고 다음과 같은 시를 썼다. "온 세상이 지옥처럼 나를 엄습하는 밤의 어둠 속에서 나는 하느님께 감사하노라 내게 정복당하지 않는 영혼을 주셨음을. 삶의 잔인한 손아귀에서도 난 신음하거나 소리 내어 울지 않는다. 운명의 몽둥이에 두들겨 맞아 머리에서 피가 흘러도 굴하지 않는다... 운명의 두루마리에 어떤 형벌이 적혀 있다 해도 나는 내 운명의 주인이요 내 영혼의 선장이기에."

(송봉모, 「용기를 내어라, 내가 세상을 이겼다 1」, 11-12쪽 인용)

참고문헌

가,
나,
다,

順

- 「가톨릭 교회 교리서」　　　한국천주교중앙협의회, 2008
- 게르하르트 로핑크, 「죽음 부활 영원한 생명 바로 알기」
　　　　　　　　　　　　　　　　김혁태, 생활성서, 2022
- 김수환 – 「너희와 모든 이를 위하여」　　사람과사람, 2000
- 김수환 추기경 강연 – 「거룩한 경청」
　　　　　　　　　　　　우광호 · 이승환 엮음, 여백, 2014
- 김상용 – 「거울에 비친 모습처럼」　　　　바오로딸, 2014
- 김용규 – 「서양문명을 읽는 코드, 신」　휴머니스트, 2010
　　　　　「백만장자의 마지막 질문」　　휴머니스트, 2013
- 김혜숙 – 「그대, 나의 얼굴」　　　　　사람과 사랑, 2010
- 김남철 – 「영화로 하는 교리수업」　　　　　시우, 2004

- 동방교회 수도자 – 「길 떠나는 사람」
　　　　　　　　　　　　　　　　이순희, 바오로딸, 1995

- 리처드 모어 – 「벌거벗은 지금」　이현주, 바오로딸, 2017

· 로버트 왈드론 - 「나를 뒤쫓는 하늘의 사냥개」

　　　　　　　　　　　홍서림, 가톨릭출판사, 2011
· 로버트 배런 - 「가톨리시즘」　　전경훈, 생활성서, 2019
· 로마노 과르디니 - 「주님」 나현욱 · 박재순, 바오로딸, 1995

· 마우리치오 미릴리 - 「걱정말아요 365일」

　　　　　　　　　　　　박미애, 바오로딸, 2016
· 마르코 이반 루프니크 - 「식별」　오영민, 바오로딸, 2011
· 마이클 포드 엮음 - 「헨리 나웬의 살며 춤추며」

　　　　　　　　　　　　이현주, 바오로딸, 2010
· 모리스 젱델 - 「감탄과 가난」　이순희, 성바오로, 2018

· 발터 카스퍼 - 「발터 카스퍼 추기경의 자비」

　　　　　　　　　　　최용호, 가톨릭출판사, 2015

· 송봉모
　- 「우리는 그분의 영광을 보았다」　　바오로딸, 2019
　- 「예수 우리의 발걸음을 아빠 하느님께로」 바오로딸, 2019
　- 「예수 새 시대를 여심」　　　　　　바오로딸, 2015
　- 「용기를 내어라, 내가 세상을 이겼다 1」 바오로딸, 2017
　- 「용기를 내어라, 내가 세상을 이겼다 2」 바오로딸, 2018
　- 「생명의 빛이 가슴 가득히」　　　　바오로딸, 2014
· 스콧 한 - 「어린양의 만찬」　정광영, 생활성서사, 2020
　　　　　「치유하는 고해성사」　강우식, 바오로딸, 2010

· 「성경」　　　　　　　　　　한국천주교중앙협의회, 2008
· 스테파노 데 피오레스 - 「성서에 나타난 마리아」
　　　　　　　　　　　　　　최영철, 성바오로출판사, 1992

....

· 아리스티테 세라 - 「가나에서의 마리아, 십자가 곁의 마리아」
　　　　　　　　　　　　　　안병철, 가톨릭출판사, 1995
· 안젤름 그륀 - 「당신은 이미 충분합니다」
　　　　　　　　　　　　　　김현정, 쌤앤파커스, 2019
· 안셀름 그륀 - 「위기는 선물이다」　김선태, 바오로딸, 2011
· 안소근 - 「굽어 돌아가는 하느님의 길」　성서와 함께, 2015
· 오스트리아 주교회의 - 「YOUCAT」
　　　　　　　　　　　　　　최용호, 가톨릭출판사, 2012
· 오라시오 보호르헤 - 「복음사가들이 말하는 마리아의 모습」
　　　　　　　　　　　　　　박숙안, 성서와 함께, 1998
· 월터 취제크 - 「나를 이끄시는 분」
　　　　　　　　　　　　　　성찬성, 바오로딸, 2012
· 이브 뮈세 - 「앙트완느 슈브리에 제자와 사도의 길」
　　　　　　　　　　　　　　이순희, 가톨릭출판사, 2009

....

· 자크 필립 - 「소화 데레사 사랑의 엘리베이터」
　　　　　　　　　　　　　　윤영희, 바오로딸, 2014
· 제임스 마틴 - 「모든 것 안에서 하느님 발견하기」
　　　　　　　　　　　　　　성찬성, 가톨릭출판사, 2014
· 「제2차 바티칸 공의회 문헌」　한국천주교중앙협의회, 2008

・존 브래드쇼 -「가족」　　　　　오제은, 학지사, 2006
・줄리 켈레멘 -「마흔 밤 남았네」 김명주, 생활성서, 1999
・최현순 -「은총」　　　　　　　　바오로딸, 2020

・케리 월터스 -「아름답게 사는 기술」
　　　　　　　　　　　　　　김성웅, 생활성서, 2011
・크리스토퍼 제이미슨 -「우리를 불행하게 하는 8가지 생각」
　　　　　　　　　　　　　　　　박지니, 예지, 2012

・토마스 그룹 -「생명을 위한 교육」
　　　조영관 · 김경이 · 우정원, 가톨릭대학교출판부, 2021
・토마스 오 퓌 -「그리스도를 위한 나그네」
　　　　　　　　　　　　　　유정원, 분도출판사, 2016

・프란치스코 교황 -「프란치스코 교황의 영신수련 묵상 길잡이」
　　　　　　　　　　　　김현균 · 김정아, 바오로딸, 2015

・「**한국가톨릭대사전**」제4권　　한국교회사연구소, 1997
・헨리 나웬 -「**열린 손으로**」　　조현권, 성바오로, 2010

・C.M. 마르티니 -「약함의 힘」
　　　　　　　　　　　　　　안소근, 성서와 함께, 2013
・H. 뉴엔 -「고독」　　　최진영, 성바오로출판사, 1993
・M. 스캇 펙 -「아직도 가야 할 길」최미양, 율리시즈, 2011

"주님 안에서 늘 기뻐하십시오."
(필리 4,4)

엔테오스 ἔνθεος
'묵주기도로 🅜 들이는 영성생활'

2022년 2월 18일 교회인가(천주교 대구대교구)
2022년 4월 30일 1쇄 초판

지은이 / 박비오 神父

기획 · 표지 · 편집 디자인 / 웨이브리드
www.waybrid.com / 010. 4437. 1671 / ksh@waybrid.com

표지 일러스트 / 허욱 作家

펴낸이 / 전갑수
펴낸곳 / 기쁜소식
등록일 / 1989년 12월 8일
등록번호 / 제 1- 198호
주소 / (우)02880 서울 성북구 성북로 5길 44(성북동1가)
전화 / 02)762-1194 **팩스** / 02)741-7673
이메일 / goodnews1989@hanmail.net

구입문의 / 02)762-1194

ISBN 978-89-6661-249-9 0323
책값은 뒤표지에 있습니다.

성경 · 전례문 · 교회 문헌 © 한국천주교중앙협의회, 2022.
©Fr. Pio Park & Goodnews Publishing House, 2022.
저작권법에 의해 보호 받는 저작물이므로 무단 전재 · 복제를 금합니다.

Designed by Waybrid